Elisabeth Lukas

Aus Krisen gestärkt hervorgehen

Elisabeth Lukas
Gesammelte Werke

Herausgegeben vom

www.elisabeth-lukas-archiv.de

Die Reihe wird fortgesetzt

Elisabeth Lukas

Aus Krisen gestärkt hervorgehen

Butzon & Bercker

Bibliografische Information der Deutschen Nationalbibliothek

Die Deutsche Nationalbibliothek verzeichnet diese Publikation in der Deutschen Nationalbibliografie; detaillierte bibliografische Daten sind im Internet über http://dnb.d-nb.de abrufbar.

Das Gesamtprogramm von Butzon & Bercker finden Sie im Internet unter www.bube.de

ISBN 978-3-7666-2991-3

Umschlaggestaltung: Tanja Manden, Kevelaer
Layout und Satz: Schröder Media GbR, Dernbach
Umschlagillustration: © NARANAT STUDIO – stock.adobe.com

Inhalt

Die Bedeutung der Sinnfrage für das menschliche Leben

Im Anfang war der Sinn ...

Im 21. Jahrhundert bedarf es einer ganzheitlichen Psychotherapie, die sich von der Idee der Reparaturbedürftigkeit holprig gewordener Seelenmechanismen löst und zum Verständnis jener geheimnisvoll-verschlungenen Wege vordringt, die den Keim zum Glücken in sich tragen, weil sie sich am Wesen des Menschen orientieren. Die pluralistische Explosion am Psychomarkt, die wir im späten 20. Jahrhundert erlebt haben, hat als Gegenreaktion die Suche nach einem schlichten und unverfremdeten Daseinsverständnis eingeleitet, nach einer Art innerer Klarheit, deren Hauptaugenmerk dem Lebenswesentlichen gilt. Wobei es sich als „Begleitprodukt" ergeben kann, dass krank machende Impulse in ihrer Unzulänglichkeit aufgedeckt und entschärft werden, ohne dass ihnen deswegen das Hauptaugenmerk gewidmet werden muss.

Ich möchte behaupten, dass die Logotherapie Viktor E. Frankls der bislang bestgelungene Entwurf einer solch ganzheitlichen Psychotherapieform ist. Ihre Grundthese besagt, dass es mit dem Dasein schlechthin und also auch mit dem menschlichen Dasein eine „Sinn-Bewandtnis" hat, die über Chaos und Zufall hinausgeht, und dass es dementsprechend sinnvolle Optionen für jede Lebenssituation gibt, wie sie auch beschaffen sein mag. Frankl wusste sehr wohl um die Unbeweisbarkeit seiner Grundthese, doch wies er darauf hin, dass es in Fällen, in denen zwei entgegengesetzte Deutungen existieren, auf die eigene Entscheidung der Person ankomme. War im Anfang ein allumfassender Sinn („Logos"), dem unsere Welt entstiegen ist und der sie immer noch durchweht? Oder war im Anfang ein Nichts, aus dem sich evolutionär etwas gebildet hat, das sowieso wieder in sich zusammenfällt? In der Logotherapie ist die Entscheidung für Ersteres gefallen. Frankl schrieb dazu: „Nicht das Wissen entscheidet diese Entscheidung, sondern der Glaube; aber der Glaube ist nicht ein Denken, vermindert um die Realität des Gedachten, sondern ein Denken, vermehrt um die Existentialität des Denkenden."[1] In einfachem Bilde: Jeder wirft sein Ja in eine von zwei gleich hoch schwingende Waagschalen; in diejenige, die den Glauben an einen Sinn des Ganzen trägt, oder in die gegenüberliegende, in der ein solcher verneint wird. Das Ja der Person ist es dann, das die gewählte Waagschale schwerer wiegen lässt als die andere. Beide Kernaussagen sind mit dem Intellekt zwar denkbar, aber das Gedachtwerden der gewählten Aussage ist um die „Existentialität des Denkenden" vermehrt worden – ihre Schale neigt sich tiefer. Ihre Aussage wird fortan zählen. Wer sich somit der logotherapeutischen Grundposition „pro Sinn" anschließt, den wird der absurde „Unsinn" des Ganzen als bedrängende Letztmöglichkeit der Welt auf seinem Weg durchs Leben nicht mehr erschüttern.

Was haben solch philosophische Überlegungen mit dem Krisenmanagement im Alltag zu tun? Nun, sie sind eng damit verknüpft. Es gibt viele Menschen (nicht nur Patienten in psychotherapeutischen Praxen), die ihren Eigenwert nicht kennen und nicht schätzen; die ihre Freiheit nicht voll ausschöpfen, ihre Fähigkeiten nicht genügend nützen, ihre innersten Empfindungen nicht wahrnehmen und sich rundum für überflüssig halten – kurz, die zu wenig aus ihrem Leben machen. Warum eigentlich? Sie verstehen sich nicht als „Partizipanten eines Sinns des Ganzen". Deshalb ist ihre Selbstwertschwäche mit psychologischen Tricks allein nicht behebbar. Die Botschaft „Du bist wichtig, du wirst gebraucht, all deine Erfahrungen sind wichtig, auch die düsteren und schmerzlichen, weil sie dich für eine spezielle Aufgabe qualifizieren, die nur du erfüllen kannst ..." – diese Botschaft ist nur zu lancieren auf dem Hintergrund einer als sinnverwoben gedachten Welt, in der jede Person persönlich gemeint ist; gemeint als eine divine Hoffnung, die in die

Welt einfällt wie der Anbruch eines neuen Schöpfungstages in der Geschichte des Lebendigen.

Es sei mir gestattet, diese schwierige Materie anhand einer Fabel des arabischen Mystikers Sa'di zu exemplifizieren.[2]

Der Tiger und der invalide Fuchs

Unterwegs im Wald sah ein Mann einen Fuchs, der seine Beine verloren hatte. Er wunderte sich, wie das Tier dennoch überleben konnte. Dann sah er einen Tiger mit einem gerissenen Wild. Der Tiger hatte sich satt gefressen und überließ dem Fuchs den Rest.

Am nächsten Tag ernährte Gott den Fuchs wiederum mithilfe des gleichen Tigers. Der Mann war erstaunt über Gottes Güte und sagte zu sich: „Auch ich werde mich in einer Ecke ausruhen und dem Herrn voll vertrauen, und er wird mich mit allem Nötigen versorgen."

Viele Tage brachte er so zu, aber nichts geschah, und der arme Kerl war dem Tode nahe, als er eine Stimme hörte: „Du da, auf dem falschen Weg, öffne die Augen vor der Wahrheit! Folge dem Beispiel des Tigers und nimm dir nicht länger den behinderten Fuchs zum Vorbild!"

So kroch der Mann wieder aus seiner Ecke hervor. Auf der Straße traf er ein kleines frierendes Mädchen, zitternd in einem dünnen Kleid, ohne Hoffnung, etwas Warmes zu essen zu bekommen. Er wurde zornig und sagte zu Gott: „Wie kannst du das zulassen? Warum tust du nichts dagegen?"

Eine Zeit lang sagte Gott nichts. Aber in der Nacht antwortete er plötzlich: „Ich habe wohl etwas dagegen getan. Ich habe dich geschaffen."

Hier haben wir die sinnverwobene Welt, in der alles seinen sinnhaften Platz hat: Fuchs und Tiger, Mann und Mädchen, Verlust der Beine und Reichtum an Beute, Fragen und Antworten, Irren und Erkennen.

Die Fabel zentriert sich aber um den Mann, weil dieser seinen sinnhaften Platz noch nicht gefunden hat. Er hat, wie so viele ratsuchende Menschen, die Augen nicht offen für die Wahrheit. Welche Wahrheit entgeht ihm? Die Wahrheit des Tigers, der den behinderten Fuchs miternährt. Die Wahrheit des Tigers, der nicht bloß für sich selbst da ist, sondern einen Sinn erfüllt im Zusammenspiel der Welt. Zweifellos hat auch der Fuchs seine Aufgaben, doch hier geht es eindeutig um das Vorbild des Tigers, dem „der am falschen Weg" nicht folgt. Hier geht es um das Geben, Teilen, Sicheinbringen und Sichengagieren, um das jedem von uns in Eigenverantwortung Abverlangte und Aufgetragene.

„Folge dem Beispiel des Tigers ..." – oft ist eine logotherapeutische Beratung nichts anderes als die psychotherapeutische Übersetzung dieses Appells. „Frage nicht, was man mit dir getan hat. Frage nicht, was jemand für dich tun wird. Frage lieber, was du selbst tun kannst. Warte nicht darauf, dass für dich gesorgt wird, sondern sorge für etwas. Jammere nicht über die Missstände in deiner Umgebung und hadere nicht mit Gott und dem Schicksal. Es ist etwas Entscheidendes dagegen getan worden: *Du bist erschaffen worden.* Du bist einem frierenden Mädchen in den Weg gestellt worden, wie der Tiger dem invaliden Fuchs beigestellt worden ist. Also komm heraus aus deiner Ecke, in der dein Leben inhaltslos und leer verläuft und du dich langsam der seelischen Erstarrung näherst, und übernimm das Deine, dann wirst du gesunden. Und solltest du selbst einmal in Nöte geraten, so fürchte dich nicht! Es ist auch schon einer erschaffen worden, der dir in den Weg gestellt ist, wenn du ihn wirklich brauchst ..."

Das ungefähr besagt der therapeutische Impuls, den wir in der Logotherapie „Evozierung des Willens zum Sinn" nennen. Dabei lenken wir die Aufmerksamkeit eines Ratsuchenden auf *sein* frierendes und hungerndes Mädchen, in welcher Form es auch erscheinen mag: als zu tröstender Mensch, als zu erledigende Sache, als zu vollendendes Werk. Es ist da, es befindet sich auf *seiner* Straße, angewiesen auf *sein* Liebespfand. Der hingebungsvolle Dienst an ihm, zu dem sich der Ratsuchende aufraffen wird, wird seine Seele heilen. Nicht die fremde Therapie, sondern die eigene Liebe wird ihn heilen. Was die Therapie leisten kann, ist lediglich eine Stärkung seiner Fähigkeit zur Selbstüberschreitung – eben das Öffnen seiner „geistigen" Augen.

Eines ist bei alledem klar: Wenn das Ganze keinen Sinn hätte, ließe sich im Detail keinerlei Sinn entdecken. Dann hätte der Fuchs eben Pech gehabt und der Tiger wäre reichlich dumm, sein erlegtes Wild nicht aufzufressen. Der Mann in der Ecke würde keine Weisungen erhalten und das dünne Kleid des Mädchens ginge ihn nichts an. Therapeutisch könnte man dem Mann zwar empfehlen, sich seinem Triebe folgend Nahrung zu suchen, wie der Tiger das Wild reißt, aber über die Bedürfnisstillung hinaus ließe sich kaum irgendein „Erschaffungswert" seiner Person konstruieren, der ihn in den Stand eines wichtigen und wertvollen „Mitschöpfers" emporhöbe. Wir hätten die Waagschale, in der (nicht verlorene Beine eines Fuchses, sondern) eine verlorene Welt läge; verloren in der Gleichgültigkeit des Chaos.

Was am Ende bleibt

Fügen wir eine weitere philosophische Überlegung an. Wenn das Dasein als Ganzes einen allumfassenden Sinn hat, kann sein Ende und Ergebnis nicht das Nichts sein. Denn mit dem Sichauflösen und Erlöschen von Sein würde auch dessen Sinn verlöschen; und vergänglicher Sinn wäre so gut wie gar kein Sinn. Demzufolge kann auch alles Seiende nicht ausschließlich in der Perspektive einer Rückkehr zum Nichtsein verstanden werden. Es muss eine Wirklichkeit jenseits der anfälligen und hinfälligen Materie geben, die Bleibendes und Unzerstörbares enthält, eben sinnhaft „Ewiges".

Daraus ergeben sich Überlegungen für die in der Psychotherapie bekannten Lebens- und Todesängste von Patienten, die ständig um ihr eigenes bisschen Ich zittern, weil sie es als total beschädigbar und angreifbar erleben. Die, verblendet von ihren Ängsten und gefangen in ihrer Zögerlichkeit, die großen Gelegenheiten ihres Lebens vorüberziehen lassen und später, an der Neige ihres Lebens, das Versäumte in apathischer Resignation betrauern. Patienten, die nie ganz sie selbst gewesen sind.

Ihnen zu vermitteln, dass ihr geistiger Personenkern unzerstörbar ist, dass das Menschliche am Menschen bleibt, selbst noch in der Überschattung durch Krankheit und Tod, heißt, sie zu ermutigen, das Leben zu wagen. Ihnen überdies zu vermitteln, dass jedwede Entscheidung, die sie fällen, und jedwede Tat, die sie ausführen, hineinfließt in die Speicher der Vergangenheit, in denen alles unverlierbar geborgen – aber auch unwiderruflich festgelegt – ist, weil es aus dem verwirklichten Sein nie mehr herausgeschnitten werden kann, heißt, sie daran zu erinnern, das Leben verantwortbar zu gestalten. Diese „anthropologische Wende" ist jedoch nicht zu vollziehen, wenn nicht auf der Basis einer die Materialität transzendierenden Welt, in der Gewirktes – Ein-für-alle-Mal-Gewirktes – und sinnvoll Gewirktes – verewigter Sinn – ist.

Man gestatte mir wiederum, erläuternd eine Geschichte beizuziehen. Sie stammt diesmal von Pierre Lefèvre.[3]

Gewusst wie

Ein Sultan hatte geträumt, er verliere alle Zähne. Gleich nach dem Erwachen fragte er einen Traumdeuter nach dem Sinn des Traumes. „Ach, welch ein Unglück, Herr!", rief dieser aus. „Jeder verlorene Zahn bedeutet den Verlust eines deiner Angehörigen." – „Was, du frecher Kerl", schrie ihn der Sultan wütend an, „das wagst du mir zu sagen? Fort mit dir!" Und er gab den Befehl: „50 Stockschläge für diesen Unverschämten!"

Ein anderer Traumdeuter wurde gerufen und vor den Sultan geführt. Als er den Traum erfahren hatte, rief er: „Welch ein Glück! Welch ein großes Glück! Unser Herr wird alle die Seinen überleben!" Da heiterte sich des Sultans Gesicht auf und er sagte: „Ich danke dir, mein Freund.

Gehe sogleich mit meinem Schatzmeister und lasse dir von ihm 50 Goldstücke geben."

Auf dem Weg sagte der Schatzmeister zum Traumdeuter: „Du hast den Traum des Sultans doch nicht anders gedeutet als der erste Traumdeuter!" Mit schlauem Lächeln erwiderte der kluge Mann: „Merke dir, man kann vieles sagen; es kommt nur darauf an, wie man es sagt ..."

Die Geschichte enthält zwei Weisheiten. Zum einen erzählt sie von der Dialektik des Bleibens und Vergehens. Will ich in meiner Familie als Überlebender übrig bleiben, muss ich den Verlust meiner Angehörigen in Kauf nehmen. Will ich meine Angehörigen nicht verlieren, muss ich *vor* ihnen aus dem Leben scheiden. Bleiben ist nicht ohne Verlust möglich; Bleiben hat seinen Preis. Und das ist verallgemeinerbar: Erst die Vergänglichkeit des Lebens macht das Leben sinnvoll, so paradox das klingt; nur durch den Tod bleibt der Sinn eines Menschenlebens bestehen. Denn wäre das Leben in seiner Dauer unbegrenzt, könnte jegliches sinnvolle Handeln ins Unendliche aufgeschoben und alles unsinnige Handeln unendlich oft korrigiert werden, was bedeuten würde, dass sich das menschliche Leben in einer endlosen Grauzone zwischen Sinn und Widersinn dahinschleppen würde, niemals in definitiver Sinnhaftigkeit vollendet. Wenn wir füglich wollen, dass sich der Sinn eines gelebten Menschenlebens ins verwirklichte Sein eingraviert, müssen wir in Kauf nehmen, dass es ins Sein eingeht mit Anfang und Ende, Geburt und Tod.

Zum anderen erzählt die Geschichte etwas über die Betrachtungsweise von Sachverhalten. „Man kann vieles sagen, es kommt nur darauf an, *wie* man es sagt ..." Man kann auch vieles betrachten, und es kommt darauf an, wie man es betrachtet. Logotherapie ist oft nichts anderes als die Korrektur eines „Wie" in der Betrachtungsweise eines Ratsuchenden. Die Zukunft wird ihm 50 Stockschläge oder 50 Goldstücke dafür ausbezahlen, je nachdem. Sie wird ihn für seine Ansichten und Einstellungen belohnen oder bestrafen – Einstellungen zu denselben Sachverhalten! Für die Einstellung: „Was soll ich mich um meine Kinder kümmern? Um mich hat sich auch keiner gekümmert!" wird sie ihm noch nach 20 Jahren Hiebe versetzen, wenn ihn die Distanz zu seinen Kindern schmerzt. Wohingegen sie ihm für die Einstellung: „Ich habe als Kind sehr gelitten, deshalb will ich meinen Kindern ein ähnliches Los ersparen!" noch nach 20 Jahren manche Kostbarkeit in die Hand drücken wird, wenn ihn ein lieber Gruß der Kinder erreicht.

Die Vergangenheit eines Patienten, seine eigene Kindheit, wird sich durch nichts ändern, durch keinerlei therapeutische Intervention, wie sich der Traum des Sultans nicht ändert – von Traumdeuter zu Traumdeuter nicht. Aber der Patient wird bei positiv veränderter Betrachtungsweise seine Gegenwart anders gestalten: verantwortungsvoller, sinnvoller, zukunftsträchtiger. Darauf zielt der therapeutische Impuls ab, den wir in der Logotherapie „Mobilisierung der Trotzmacht des Geistes" nennen. Er hilft Menschen, Selbigkeiten in verändertem Lichte wahrzunehmen. Seine Effizienz gewinnt dieser Impuls nicht aus irgendeiner Belohnungserwartung, sondern aus der an die Menschen herangetragenen Erkenntnis, dass der eigentliche Goldschatz, den es im Leben zu bergen gilt, das bleibende Gute in der Wahrheit ist, in der Wahrheit über sich selbst.

Was zwischen Seiendem schwingt

Wagen wir uns an eine letzte philosophische Herausforderung heran: Wenn das Ganze Sinn hat, muss nicht nur alles Seiende Sinn haben, sondern auch dasjenige, was *zwischen* Seiendem schwingt, Seiendes miteinander verbindend. Denn wäre die Verbindung zwischen „Teilsinnen" selbst und ihrerseits unsinnig, könnten sich die „Teilsinne" niemals zu einem sinnvollen Ganzen zusammenfinden. Einfacher ausgedrückt: Ist eine Sache sinnvoll, muss auch das Interesse an ihr sinnvoll sein, wobei die lateinischen Worte „inter esse“ exakt bedeuten, was zwischen mehreren Seienden (an Beziehung vorhanden) ist. Aus dem Logos folgt der Dia-log.

Die Relevanz dieser dialogischen Seite einer sinnverwobenen Welt für die in der Psychotherapie zu behandelnden Beziehungskrisen und Egozentrismen von Patienten liegt auf der Hand. Viele Patienten leben im Dauerzwist, auch wenn ihre Konfliktpartner wechseln. Sie verweigern Bezüge aller Art, obwohl sie an ihrer Einsamkeit fast ersticken. Sie richten sich nicht aus auf ein Du in ihrem Familien-, Kollegen- und Freundeskreis, sondern igeln sich narzisstisch ein auf der Suche nach illusionärer Selbstverwirklichung.

Versucht man sie für ihre Mitmenschen aufzuschließen, stößt man nicht selten auf ein spezielles Hindernis. Die Patienten haben kränkende, traumatische Bezugserlebnisse hinter sich und sind misstrauisch und übersensibel geworden. Sie wollen sich nicht mehr auf jemanden einlassen, der ihnen eine Abfuhr erteilen könnte, wollen Zuwendungsgarantien, die es nicht gibt. Sie zu der Einsicht zu geleiten, dass jede harmonische Beziehung *stets zu leistender Vorschüsse* bedarf, und zwar um des Wertes der Person willen, die einem da begegnet, und nicht um zu erkaufender Rückleistungen willen, kann nur aus einer „Weltanschauung“ heraus gelingen, die der gegenseitigen Verbundenheit selbst – sei sie dinghafter oder personenhafter Natur – Sinn zuspricht.

Weil sich komplexe Sachverhalte am eindrücklichsten mithilfe von Geschichten und Gleichnissen vermitteln lassen (die Bibel etwa ist voller Geschichten und Gleichnisse!), sei hierzu ein gekürzter Bericht aus der Entwicklungshilfearbeit von Ernst Lange vorgelegt.[4]

Der Dreckspatz

Wir arbeiteten damals in einer Siedlung von sehr armen Menschen. Sie wohnten in Baracken, die so schlecht waren, dass der Regen hineinlief und der Wind hindurchpfiff. Darum hatten wir uns vorgenommen, ih-

nen ihre Hütten halbwegs herzurichten, damit sie im Winter nicht frieren und erfrieren müssten.

Eines Tages kam Peggy, die Amerikanerin, zu uns, um uns bei der Arbeit zu helfen. Peggy war ein wunderschönes Mädchen, das immer aussah, als hätte es gerade ein Bad genommen und sich umgezogen. Als ich Peggy die Siedlung zeigte, machte sie ganz erschreckte Augen. „Oh", stöhnte sie, „wie schrecklich schmutzig!" Als wir dann die Hütte betraten, in der wir arbeiten wollten, wäre sie fast auf der Türschwelle wieder umgekehrt. Die Witwe, die mit ihrem kleinen Jungen darin wohnte, war schon seit Wochen krank und konnte nicht mehr recht für sich sorgen. Es roch abscheulich. Auf dem Spülstein türmte sich das ungewaschene Geschirr. Der Mülleimer lief über. Der Boden war mit Unrat bedeckt. Hunderte von Fliegen schwirrten umher. Und das Bejammernswerteste war der kleine Junge im Bett neben seiner Mutter. Vielleicht vier Jahre war er alt. Sein mageres Körperchen war in Lumpen gehüllt. Das schwarze Haar war verklebt und verfilzt. Aus dem Mund rann ihm der Speichel.

Er wachte auf, als wir näher traten. Sofort hing sein Blick wie gebannt an Peggy. „Tante", sagte er wie verzaubert. Wahrscheinlich hatte er noch nie etwas so Schönes gesehen wie Peggy. Er glitt vom Bett herunter, breitete die Arme aus und kam auf Peggy zugelaufen. Ich sah, wie sie totenbleich wurde. „Nein", sagte sie, „nein!" Und wich zurück. Aber das Kind setzte seinen Weg fort und wollte sie offenbar umarmen. „Geh weg!", schrie Peggy außer sich. Und als der Junge trotzdem näher kam, gab sie ihm einen harten Stoß vor die Brust, sodass er hintenüber stürzte und bitterlich zu weinen anfing.

Peggy lief wie gehetzt davon. Ich fand sie erst im Lager wieder. Sie war dabei, ihre Koffer zu packen. „Aber Peggy", sagte ich, „das ist doch nicht dein Ernst." „Doch", sagte sie, „ich reise ab. Ich halte das nicht aus. Es ist zu widerlich." Damit nahm sie ihr Gepäck und ging, als könnte sie es nicht eine Minute länger bei uns aushalten.

Ich folgte ihr. Ich nahm ihr die Koffer ab und wollte sie zur Bahn bringen. Der Weg zur Bahn führte an dem Haus vorbei, in dem wir gerade gewesen waren. Wir sahen den Jungen schon von Weitem. Er saß auf *der Straße und beguckte sich die vorüberfahrenden Autos. „Komm bloß", sagte Peggy entsetzt. „Komm, schnell!" Und sie ging weiter, so rasch sie konnte. Aber der kleine Junge hatte uns schon gesehen. „Tante!", schrie er und breitete wieder seine Ärmchen aus. „Tante", und jauchzte.*

Da blieb Peggy wie angewurzelt stehen. „Mein Gott", sagte sie, „ich habe ihm doch wehgetan. Ich habe ihm doch wehgetan!" Dann ging alles sehr schnell. Die beiden setzten sich zur gleichen Zeit in Bewegung und liefen aufeinander zu. Mitten auf der Straße hockte Peggy sich nieder und fing den Kleinen in ihren Armen auf. Ein Auto kam knapp einen Meter vor ihnen mit kreischenden Bremsen zum Stehen. Es war ein seltsames Bild. Das schöne, vornehm angezogene Mädchen, das den schmutzigen Jungen im Arm hielt und abküsste, und davor der Autofahrer, der vor lauter Entgeisterung gar nicht zum Schimpfen kam. Ich schob Peggy auf den Bürgersteig. „Was machen wir jetzt mit den Koffern?", fragte ich.

„Vielleicht trägst du sie wieder nach Hause", antwortete sie. „Ich werde inzwischen diesen Dreckspatz hier säubern."

Der Bericht informiert uns über Ungeheuerliches. Nicht über das gnädige Mitgefühl eines starken Tigers für einen invaliden Fuchs, wie im erstgenannten Text. Nein, er informiert uns über das Heldentum eines invaliden Fuchses! Denn ein solcher ist der kleine Dreckspatz aus dem Bericht: invalid, behindert. Der Dreck, Symbol des Elends, in das er hineingeboren worden ist, hindert ihn am Leben. Am gesunden, normalen Leben. Aber er hindert ihn nicht daran, einen Sinn in dieser Welt zu erfüllen. Bringt doch der Junge eine sinnhafte Verbindung zwischen Seiendem zustande. Und zwar in Spontaneität. Dies ist sein Triumph, der das Verhalten der übrigen Beteiligten weit in den Schatten stellt!

Wie aber macht er das? Es ist wichtig für unsere Patienten, es zu erfahren, denn auch an vielen von ihnen klebt der „Dreck" ihrer Herkunft und der äußeren Umstände, unter denen sie aufgewachsen sind. Nun: Der Junge zahlt nicht mit gleicher Münze heim. Er zahlt überhaupt nicht heim. Er grollt nicht, er rächt sich nicht, er wirft nicht mit Steinen und er rennt nicht davon. Was von ihm ausstrahlt, ist „unbefleckt“. Er breitet die Arme aus und geht auf das Mädchen zu, das ihn zurückgestoßen hat. So einfach ist das und so unglaublich. Er gibt dem Wunder eine Chance – und das Wunder geschieht. Eine menschliche Begegnung findet statt, nicht in der Hütte, wo sie hingehört hätte, sondern auf der Straße, wo sie beinahe schon vorübergehuscht wäre. Der Vierjährige hat sie für sich und das Mädchen errettet. Das Auto – Symbolik der drohenden Gefahr – kommt zum Stillstand; die Begegnung der beiden ist gesegnet.

Das etwa ist der therapeutische Impuls, den wir in der Logotherapie mit dem „Antwortcharakter des menschlichen Daseins“ umschreiben. Die Fragen, die das Leben uns stellt, können wir uns nicht aussuchen, doch unsere Antworten auf sie sind unsere Wahl. Patienten lernen, sich von ihren Negativerlebnissen zu distanzieren und heldenhaft auf das Gefürchtete zuzuschreiten, sich und jenem Gegenüber, das sie in negativer Erinnerung bzw. Erwartung haben, die Chance eines gemeinsamen Neuanfanges gewährend. Sie lernen, der Welt mit ihren besten Antworten zu begegnen, und die Welt dankt es ihnen, indem sie sie „in den Arm nimmt“ und in die menschliche Gemeinschaft integriert.

Zu einer derartigen Autonomie der Antwort ließe sich jedoch nicht aufrufen, wenn nicht grundsätzlich Sinn hätte, was zwischen Sinnvollem schwingt. Hätte der Dreckspatz nur für sich allein Sinn, würde er sich besser vor Peggy verstecken; hätte Peggy nur für sich allein Sinn, würde sie besser das schmutzige Dorf verlassen. Weil aber auch Sinn hat, was zwischen den beiden „schwingt“, ist das heldenhafte Opfer der beiden im Aufeinanderzugehen die Lösung der Tragödie, die Heilung der Seele ... ein Menschheitsrezept!

Zusammenfassung

Wir sehen, die drei Aspekte, die von der ganzheitlichen Ausgangsbasis der Logotherapie untermauert werden, spiegeln sich in ihren therapeutischen Ansätzen wider. Weil das Ganze Sinn hat, hat jeder Teil Sinn – Menschsein heißt *Gemeintsein.* Weil das Ganze Sinn hat, gibt es bleibenden Sinn – Menschsein heißt *Wirksamsein.* Weil das Ganze Sinn hat, sind seine Verbindungen sinnvoll – Menschsein heißt *Bezogensein.* Diagnostik ist dann nichts anderes als das Registrieren, wo menschliches Leben von dieser seiner Ursprünglichkeit abweicht und sich seinem arteigenen Sein versperrt. Wo es seine Aufgaben nicht übernimmt, seinen Platz nicht ausfüllt, sich als total beschädigbar und zerstörbar versteht, überflüssig und unwert fühlt, wo es sich als dem Nichts ausgeliefert definiert, hilflos, ohnmächtig, selbstunwirksam, leer, verzweifelt, wo es Bezüge aufkündigt, sich verkriecht, davonrennt oder mit gleichen Münzen heimzahlt. Und Psychotherapie ist dann nichts anderes als die Rückholung des Menschen zu seinem arteigenen Sein, zum spezifisch menschlichen Entwurf, zum „Ebenbild" des Logos.

Freilich muss man sich in der täglichen psychotherapeutischen Arbeit mit den konkreten Problemen der Patienten befassen, die, oberflächlich betrachtet, viel einfacher und „unphilosophischer" sind. Der eine schafft es nicht, mit dem Rauchen aufzuhören, obwohl seine Lungen bereits angegriffen sind; und der andere explodiert jedes Mal, wenn ihn seine Frau kritisiert. Ein Dritter überschätzt ununterbrochen seine Geschäftstüchtigkeit und ist chronisch verschuldet, und ein Vierter traut sich niemals aufzumucken und wird schamlos ausgenützt. Will man diesen Menschen helfen, muss man u. a. Fantasie entwickeln. Man muss ihre Ressourcen freilegen, ihre Wünsche klären, ihr Selbstverständnis prüfen und die von ihnen gangbaren Schritte zu einer besseren Befindlichkeit ausmessen. Dazu reichen zunächst die klassischen methodischen Werkzeuge.

Aber es kommt der Moment, da wird die Angelegenheit „philosophischer", sie transportiert sich sozusagen selbst in einen größeren Zusammenhang. Wozu an sich arbeiten? Wozu der Verführung entsagen? Wozu das alte Fahrwasser verlassen? Wozu – und schon steht der Sinn zur Diskussion. Welchen Sinn hat es, sich das Rauchen abzugewöhnen und ein wenig länger zu leben? Welchen Sinn hat es, sich mit seiner Frau auszusöhnen und berechtigte Kritik anzunehmen? Welchen Sinn hat es, vernünftige Geschäfte zu tätigen und Kunden nicht zu schädigen? Welchen Sinn hat es, seine Kräfte einzuteilen und ihrer Ausbeutung zu widerstehen? Ein Psychotherapeut, der hierzu schweigt, ist am Ende seiner Weisheit angelangt. Ein Psychotherapeut, der hierzu mit dem „Später-mehr-Lust"-Versprechen winkt, macht sich bloß lächerlich.

Ein Psychotherapeut, der hierzu die Überzeugung vom Sinn des Ganzen in die Waagschale wirft, aus dem sich jeder einzelne Teilsinn ableitet, die bedingungslose Würde des Menschen und die Werthaftigkeit all seiner jemals getroffenen Entscheidungen, insbesondere seiner „Vorschüsse an Liebe", die (wie alle anderen Entscheidungen auch) Entscheidungen sind für die Ewigkeit – ein solcher Psychotherapeut könnte zum Umdenken und Neuwerden anregen.

Ein solcher Psychotherapeut entstammt mit größter Wahrscheinlichkeit der Frankl'schen Schule.

Selbstüberschreitung und das Gespür für das Notwendige

Worauf es gerade ankommt

Sucht man nach Sinn im Leben, tut man in der Praxis gut daran, bescheiden zu beginnen. Das Große enthüllt sich menschlichem Geist nur begrenzt, das Kleine hingegen fügt sich willig zu dessen Spielwiese und Lehrstube. So lässt sich auch Sinn am besten in der Gestalt eines „Sinns des Augenblicks" (Frankl) einfangen: *seine* Hinweistafel haben wir am deutlichsten vor Augen, *sein* Rufen am lautesten in unseren Ohren. Ein Beispiel: Sie gehen auf einer Straße spazieren. Vor Ihnen stolpert eine alte Frau und fällt zu Boden. Sofort flammen Buchstaben auf der Hinweistafel vor Ihren Augen auf; sofort wispert es in Ihren Ohren: „Geh und hilf ihr auf!" So spricht der „Sinn des Augenblicks". Freilich müssen Sie ihm nicht folgen. Freilich können Sie ungerührt an der alten Frau vorübergehen. Ja, Sie könnten sogar der Alten einen zusätzlichen Fußtritt geben (was schon vorgekommen sein soll). Der „Sinn des Augenblicks" arbeitet nicht mit Zwang und Gewalt, er tastet die Freiheit und Verantwortlichkeit des Menschen nicht an. Sein Flair ist anderer Art. Er ist unbestechlich. Er ist nicht zu verfälschen. Er spricht zu jedem in der richtigen Sprache. Und er spricht immer wieder, immer aufs Neue. Zu dem, der am Boden liegt. Zu dem, der vorübergeht. Zu dem, der hilft. Zu dem, der tritt. Er spricht ...

Viktor E. Frankl definierte den „Sinn des Augenblicks" als „das Eine, das nottut" oder als „das, worauf es gerade ankommt". Um ihn zu finden, muss man die Antennen seines Gewissens ausfahren und sich auf das *Notwendige* konzentrieren – auf dasjenige, was „Not wendet", was Verbesserungsbedürftiges verbessert, Negatives lindert und Positives fördert.

Mit fortschreitender Zivilisation geraten allerdings die offenkundigen Notwendigkeiten mehr und mehr aus dem Blickwinkel, was die Wahrnehmung des jeweiligen „Sinns des Augenblicks“ eintrüben kann. Wenn früher eine Magd am Felde mithalf, den Haushalt versorgte und daneben fünf Kinder großzog, tat ständig „etwas not“, seien es die Arbeiten in Haus und Feld, seien es die Kinder, die die Mutter benötigten. Die Magd mag viele Probleme gehabt haben, doch Sinnfindung war für sie sicherlich kein Problem. Wenn im Gegensatz dazu eine Frau in unseren Tagen stundenweise berufstätig ist, über alle gängigen Haushaltsmaschinen verfügt und bloß ein Kind zu betreuen hat, das tagsüber in Schule und Hort untergebracht ist, dann bleibt ihr freie Zwischenzeit, in der nichts Ersichtliches „nottut“. Dort aber, wo die offenkundigen Notwendigkeiten zur Deckung der Lebensbedürfnisse schrumpfen, flammt die Frage der Sinnfindung mit Vehemenz auf.

Als ich einst Seminare an der Sommeruniversität Imatra in Finnland hielt, berichteten mir die Studierenden von einer seltsamen Beobachtung. Seit die Zentralheizungen in Finnland eingeführt worden seien, sagten sie, habe der Alkoholismus bei der Landbevölkerung signifikant zugenommen. Ich wunderte mich über diesen Zusammenhang, der sich jedoch schnell aufklärte. Im „Zeitalter ohne Zentralheizungen“ war die finnische Landbevölkerung gewohnt gewesen, an Sonntagen bei halbwegs gutem Wetter mit kleinen Handwägelchen durch die Wälder zu streifen, um Holz für die dunklen, eiskalten Tage zu holen. Diese Aktion war vieles in einem: Vorratssammlung, Familienausflug, Fitnesstraining, Gelegenheit zum Gedankenaustausch für die Erwachsenen und zum Sichaustoben und Erlernen sozialer Kompetenzen für die Kinder. Mit der Einführung der Zentralheizungen bedurfte es solcher Waldgänge nicht mehr, was zweifellos angenehm war. Eine Knopfdrehung und die Wohnungen wurden warm. Blieb nur die Frage offen: Was tun mit den frei gewordenen Sonntagen? Wem dazu nichts einfiel, der hockte sich vor den Fernseher und schaute sich einen Film nach dem anderen an. Und wer sich dabei langweilte, goss eine Flasche Bier nach der anderen in sich hinein ...

Untersuchen wir dieses soziologische Phänomen in einem weiten Umfang, dann stoßen wir auf eine eigentümliche Polarisierung. Es reagieren nämlich nicht alle Menschen auf die Senkung von Notwendigkeiten gleichermaßen. Es kommt sogar häufig zu extrem unterschiedlichen Reaktionen. Da gibt es Personen, die die neuen Freiräume mit Freude und Ideenreichtum ausgestalten. Sie legen sich einen schönen Garten an, tun etwas für ihre Bildung, engagieren sich in Ehrenämtern, schmökern in Büchern, pflegen Kontakte und unternehmen Städtetrips, um nur einige wenige Stichworte aufzuzählen. Leider gibt es auch die anderen: Personen, die in den neuen Freiräumen verloren sind, in Passivität und Apathie versinken und dabei einer geistigen Öde anheimfallen, die schließlich – weil sie nicht auszuhalten ist – mit Fernsehsucht, Esssucht, Spielsucht, Sexsucht, Nörgelsucht etc. zugestopft wird.

Fragen wir, wie es zu dieser Polarisierung kommt bzw. wo die Gabelung ist, an der sich entscheidet, ob ein Mensch seine Freiräume sinnvoll nützt oder nicht. Dazu hat uns Giselher Guttmann, ehemaliger Vorstand des Psychologischen Instituts der Wiener Universität, wichtige Hinweise geliefert. Er fand bei ergometrischen Messungen heraus, dass manche Personen exakt dann, „wenn es darauf ankommt", also in Bewährungssituationen, zusätzliche Kräfte mobilisieren, was ihre Leistungen anspornt, während andere just dann versagen, „wenn es darauf ankommt", obwohl sie unter neutralen Bedingungen gleich gute Leistungen erbringen wie die erstgenannten Personen. So können zum Beispiel Rennläufer, die im Training identische Geschwindigkeiten erreichen, in zwei Gruppen eingeteilt werden: in die Gruppe derjenigen, die in der Bewährungssituation (in diesem Fall beim Wettkampf) stets eine Spur langsamer sind als sonst – sie werden etwas ironisch die „Trainingsweltmeister" genannt –, und in die Gruppe derjenigen, die beim

Wettkampf sich selbst noch übertreffen – sie zählen nicht selten tatsächlich zu den Siegern.

Die Ursache, warum Menschen mit gleichen Fähigkeiten in Belastungs- und Bewährungssituationen derart unterschiedliche Tüchtigkeitsgrade aufweisen, ist ebenfalls bekannt. Es hängt (außer natürlich auch ein bisschen vom „Glück") davon ab, woran sie in diesen Situationen denken, oder noch genauer formuliert: ob sie *an sich* denken oder sich *selbstvergessen* hingeben an „das Eine, was nottut". Denken sie *an sich*, steigen automatisch Ängste in ihnen hoch: die Angst, sie könnten sich blamieren, die Angst, sie könnten ihre Freunde und Angehörigen enttäuschen, die Angst, an ein Schicksal ausgeliefert zu sein, das von ihnen nicht steuerbar ist. Wer in erster Linie an sich selbst denkt, muss in der Bewährungssituation unweigerlich zittern vor allem, was geschieht, wenn er sich *nicht* bewährt. Solche Ängste irritieren die Großhirnrinde. Es kommt aufgrund exakt messbarer Veränderungen der Gleichstrompotenziale im Zentralnervensystem zu einer Überaktivierung der Großhirnrinde, was den Leistungsabfall vorprogrammiert. Die geistigen Kapazitäten werden durch emotionale Faktoren blockiert.

Anders ist es bei denjenigen Menschen, die sich *selbstvergessen* hingeben an die jeweilige Situation. Sie haben nur „das, worauf es gerade ankommt" im Blickfeld und bündeln ihre Kräfte, um diese gegenwärtige Aufgabe zu bewältigen, so gut es geht. Der Stress der Bewährung blockiert sie nicht, sondern erzeugt maximale Konzentration und vielfach sprühende Improvisation bei ihnen, was sich wiederum an den Daten der Gleichstrompotenziale in der Großhirnrinde ablesen lässt. Die hohe geistige Konzentration ermöglicht eine optimale Leistungskapazität.

Bewährungssituationen

Aus dem Dargelegten können zwei interessante Schlussfolgerungen gezogen werden.

Erstens sagen Intelligenztests und Eignungsuntersuchungen, die unter eher druckfreien Bedingungen durchgeführt werden, nichts darüber aus, wie sich eine getestete Person in einer Stress- oder Prüfungssituation verhalten wird. Das war für die herkömmliche Testpsychologie ein Anlass zu durchgreifenden Revisionen. Zum Beispiel hat die Lufthansa ihre Aufnahmeprüfungen für Bewerber zur Pilotenausbildung längst dahingehend korrigiert, dass sogenannte „Trainingsweltmeister“ (trotz eventuell hoher Intelligenz- und Begabungswerte) aussortiert werden. Es wäre zu gefährlich, würde ein Pilot in einer „Bewährungssituation“, etwa bei einem Brand im Flugzeug während des Fluges, ängstlich an sich selbst denken und sich vor Konsequenzen für seine eigene Person fürchten, was ihn vor Schreck fast lähmen würde. In solchen Extremsituationen muss ein Pilot völlig selbstvergessen alles nur Denkbare versuchen, um die Passagiere zu retten, und dazu braucht er eine unblockierte Hirnfunktion in Höchstform.

Zweitens liegt das Versagen eines an sich tüchtigen Menschen unter Stressbedingungen eben nicht an einer Überforderung, wie früher oft geglaubt, sondern an seiner Ängste produzierenden Egozentrik. Das wiederum war ein Anlass, die herkömmliche Stresslehre zu revidieren, die mitunter zu schnell für Abhilfe durch Entlastung plädiert hat. Heute weiß man: Der Mensch braucht ein gesundes Maß an Gefordertsein, sonst stagniert er, wird träge und bequem. Herausforderungen sind Wachstumsimpulse für seine Entwicklung, auch für die Entwicklung von der infantilen Ich-Besorgnis weg zum liebenden Sorgen des mündigen Erwachsenen für ein ihm anvertrautes Stück Mit- und Umwelt.

Übertragen wir jetzt die Guttmannschen Forschungsergebnisse auf jenes soziologische Phänomen, demzufolge manche Personen neue Lebenschancen, die sich ihnen sukzessive eröffnen, sinnvoll nützen, während andere Personen dies nicht tun. Die Parallele ist unübersehbar: Diejenigen, die bei einer Reduzierung offenkundiger Notwendigkeiten, wie sie die fortschreitende Zivilisation mit sich bringt, in die Turbulenzen einer Sinnkrise geraten, weil sie ihre frei gewordenen Ressourcen nicht sinnvoll zu nützen wissen, sind quasi die „Trainingsweltmeister", während die anderen, die bei einer Reduzierung offenkundiger Notwendigkeiten zu voller Kreativität aufblühen, die „Sieger" sind. Das heißt konkret: Was wie geschenkte, freie Zeit (bzw. auch persönlicher Wohlstand) aussieht, ist in Wirklichkeit eine echte *Bewährungssituation*; man könnte sogar sagen, eine *existentielle Bewährungssituation*.

Solange einem die Umstände diktieren, was zu tun ist, solange man sachlich gezwungen ist, dies und das zu erledigen, solange handelt man gewissermaßen weisungsgebunden: Das Leben gibt die entsprechenden Anweisungen. Um auf das Beispiel von der Magd zurückzukommen: Wenn die Kinder hungrig sind, müssen sie gefüttert werden, wenn die Wäsche schmutzig ist, muss sie gewaschen werden, wenn die Euter der Kühe voll sind, muss gemolken werden usw. Freilich kann die Magd ihre Pflichten gut oder schlecht, gern oder unwillig erfüllen, doch davon abgesehen ist ihre Wahl gering.

Sobald sich jedoch Freiräume öffnen und das Diktat der Umstände nachlässt – man denke an das Beispiel mit den Zentralheizungen in Finnland –, muss der Mensch sein Handeln in Selbstverantwortung wählen, und das stellt ihn in die Bewährung. Jetzt entscheidet *er* und nicht das Leben, was er mit seinen Kräften, seinem Wissen, seinen unverplanten Stunden, seinem übrig gebliebenen Geld und seiner verfügbaren Machtposition anfängt. *Er* bestimmt, wem oder was er sein materielles und geistiges Kapital weiht – sinnvollerweise oder unsinnigerweise weiht ...

Hier bin ich bei einer zentralen Erkenntnis angelangt, die ich gerne vermitteln möchte. Es ist schlichtweg eine Täuschung, zu meinen, dass unter günstigen Lebensumständen Notwendigkeiten schrumpfen oder gar wegfallen würden. Sie sind bloß nicht mehr so offenkundig wie in beengten Verhältnissen, weil sie nicht unmittelbar die eigene Haut betreffen. Es sind vielleicht nicht die eigenen Kinder, die eigene Wäsche, die eigenständig zu versorgenden Kühe, deren „Not gewendet werden soll", aber es ist das Anliegen der Welt ringsum. Wie viel Not in der Welt kann nur „gewendet werden" von Leuten, die Zeit und Geld und Wissen und Macht haben, dies zu tun! Wie viel Schönes und Erbauliches kann nur geschaffen werden von Leuten, die Muße und Ruhe für ihre Inspirationen haben! Wie viel gäbe es zu verbessern und auszubessern, zu ergänzen und zu erfinden auf unserer Erde seitens jener Menschen, die begnadet genug sind, nicht jede wache Minute ihres Lebens in das Bemühen investieren zu müssen, bloß am Leben zu bleiben!

Man muss nur das Fingerspitzengefühl für die kleinen und dennoch dringlichen Aufgaben haben, die um uns „herumliegen" und darauf warten, aufgegriffen zu werden; das Gefühl für die ästhetischen Möglichkeiten und humanitären Anliegen, denen wir beim Wandern durchs Leben begegnen; das Gefühl für das, worauf irgendwo gehofft wird, dass jemand sich dieser Hoffnung annähme. Wir könnten diejenigen sein, die in den unbelegten Zwischenräumen ihres Alltags winzige Hoffnungen der Welt erfüllen.

Freilich, dieses Gespür für das Notwendige „ringsum" setzt eines voraus: Wir müssen den Blick von uns selbst lösen. Die Ergebnisse aus dem Wiener Hirnforschungslabor, dass in der Bewährung, im entscheidenden Augenblick, Selbstvergessenheit die Voraussetzung für Erfolge ist, wohingegen Egozentrik Misserfolge in ihrem Schlepptau nach sich zieht, gilt auch für die Sinnkrise der Moderne. Denken wir noch einmal an die gut situierte Frau mit der Teilzeitbeschäftigung und den reichlichen Haushaltshilfen. Nehmen wir an, sie langweilt sich in ihrer Freizeit und überlegt, wie sie sich besser amüsieren könnte. Nicht, dass gegen Unterhaltung etwas einzuwenden wäre, nur ist zu befürchten, dass Amüsement nicht ausreicht, um ihre geistigen Sehnsüchte zu stillen. Es kann passieren, dass sie von einer Party zur nächsten, von einem Modegeschäft zum nächsten, von einer Männerbekanntschaft zur nächsten jagt und sich dabei immer weniger amüsiert. Die Angst, etwas in ihrem Leben zu versäumen, einfach nicht auf ihre Kosten zu kommen, wird sie zunehmend packen und ihr jegliche Freude verderben. Oder, um mit Giselher Guttmann zu sprechen, die emotionalen Faktoren werden ihre geistigen Kapazitäten blockieren.

Würde die besagte Dame stattdessen „über ihren Tellerrand hinausschauen", in ihre Mit- und Umwelt hinein, würde sich vor ihr eine Palette an Sinnofferten ausbreiten mit der Einladung, die für sie passendsten auszuwählen. Ihre Talente und Fähigkeiten kämen unbehindert zum Zug, was Ängste verscheuchen und Freude anheben würde.

Ein Installateurgeselle erzählte mir einmal beim Anschließen einer Klimaanlage: „An den Wochenenden mache ich beim Roten Kreuz Krankenwagenausfahrten. Das ist der Ausgleich zu meiner technischen Arbeit. Früher habe ich an den Wochenenden Haschisch rauchend in einer elenden Single-Bude herumgelümmelt. Mein Leben kam mir völlig verpfuscht vor. Da habe ich im Lokalanzeiger gelesen, dass junge, dynamische Leute gesucht werden, die es verkraften können, blutende Wunden, verstümmelte Unfallopfer etc. zu sehen. Ich meldete mich und seither bin ich topfit. Ich gehöre zu einem klasse Team, werde von Ärzten und Feuerwehrmännern geschätzt, darf bei Erste-Hilfe-Kursen für Jugendliche mitmachen und habe sogar schon bei einer geglückten Reanimation assistiert. Darauf bin ich sehr stolz. Meine Arbeit während der Woche ist für den Geldbeutel und meine Arbeit am Wochenende ist fürs Herz." Ist es nicht großartig, dass es solche jungen Menschen gibt?

Ähnliches drückt der folgende, von Liliane Giudice beschriebene Dialog zwischen einem Professor und einem Dorfpfarrer aus.[5] Der Professor hat auf einer Wiese ein hässlich entstelltes Mädchen spielen gesehen. Er sagt zu dem Dorfpfarrer: „Die Eltern dieses Kindes können einem leidtun." „Nun", antwortet der Dorfpfarrer, „diese Adoptiveltern kann man wirklich bewundern." „Adoptiveltern?", staunt der Professor. „Wer adoptiert denn ein solches Kind?" „Die Adoptiveltern meinten, dass gerade ein solches Kind mit viel Liebe und häuslicher Geborgenheit aufwachsen sollte. Deshalb haben sie es in ihre Familie aufgenommen", gibt der Dorfpfarrer Auskunft und stimmt damit den Professor sehr nachdenklich.

Das ist das Rezept derer, die sich (auch ohne offenkundige Notwendigkeiten in ihrem eigenen Leben) bewähren. Unsere Stadt braucht Rotkreuzhelfer? Ich bin robust und kräftig! Dieses Kind braucht liebevolle Eltern? Wir sind in der Lage, ein Kind zu adoptieren! Menschen, die solche Gedankenbögen spannen, „wenden Not" und machen Hoffnungen der Welt wahr. Sie sind die „Sieger" in sinnfragwürdiger Zeit.

Werte finden, Klarheit schaffen – ein lehrreiches Fallbeispiel

Wie geht „Lebensklärung"?

In der Logotherapie gibt es den Begriff der *Lebensklärung*. Er unterscheidet sich vom tiefenpsychologischen Begriff der *Aufarbeitung von Lebensgeschichte*. Dennoch ist beiden Begriffen eines gemeinsam: Sie beschränken sich auf Unvollendetes. Denn niemals kann die Gesamtheit der in der Vergangenheit eines Menschen durchlebten und durchlittenen Geschehnisse vollkommen „aufgearbeitet", das heißt angemessen in Erinnerung gerufen werden, um – nunmehr bewusst – verstanden und damit ein für alle Mal „ausgestanden" zu sein. Immer bleibt Nicht-Erinnertes, Falsch-Erinnertes, Richtig-Erinnertes, das falsch interpretiert wird, und schließlich jener unvergessliche Schmerz, der nicht in Erinnerung gerufen zu werden braucht, weil er sowieso stets präsent, dafür aber nie ganz ausgestanden ist. In wessen Leben gäbe es nicht die zarte Trauer über etwas ganz Bestimmtes, die einen still und einfach begleitet und auch psychotherapeutisch nicht behebbar ist?

In der Logotherapie wird von vornherein auf den Versuch einer solchen „Trauerbehebung" verzichtet. Und doch strebt auch sie Erinnerung, Bewusstheit und Verständnis auf die ihr eigene Art an – Erinnerung nämlich an verschüttete Wertstrukturen, Bewusstheit von (geistig) noch unbewussten persönlichen Vorhaben und Verständnis für die gegenwärtige Aufgabe, die sich an überpersönlichen Zielsetzungen bemisst.

Letzteres ist ein besonderes Charakteristikum des Frankl'schen Ansatzes, das ihn auch von der verhaltenstherapeutischen *Selbstmanagement-Therapie* (vgl. das gleichnamige Buch von F. H. Kanfer, H. Reinecker und D. Schmelzer)[6] unterscheidet, in welcher es darum geht, „Ratsuchenden zu helfen, ihre individuellen Ziele mit ihrem realen Handeln in Einklang zu bringen" (Kanfer). Wobei individuelle Ziele als „willkürliche Festlegungen seitens der Ratsuchenden" (Schmelzer) definiert werden, deren Stattfindung therapeutisch initiiert und stimuliert werden soll. Daran jedoch, dass willkürliche Festlegungen von Zielen und Werten stattfinden, sind wir in der Logotherapie nicht interessiert. Wir möchten vielmehr die Ratsuchenden aus der Willkür herausholen und ihr reales Handeln mit demjenigen in Einklang bringen, das ethisch vertretbar, aus ihrem Gewissen heraus begründbar und der Welt bekömmlich ist, kurz, das sinnvoll ist.

Man kann nicht die Augen vor der Tatsache verschließen, dass gerade *subjektive Wertsysteme* Konflikte erzeugen. Selbstverständlich ist ein gewisser Pluralismus der Weltanschauungen, Ideale und Lebensziele zu begrüßen. Doch kann dieser Pluralismus leicht ausarten in die Herrschaft des Beliebigen und in die Welle der Gewalt (Amok, Terror, Fanatismus), die meistens dann anrollt, wenn die Ziele des einen mit den Zielen eines anderen kollidieren. Oder wenn die Werte des einen von den Füßen eines anderen getreten werden, weil sie für den anderen eben keine Werte darstellen. Oder wenn das subjektiv Begehrens-Werte von zweien begehrt wird, aber nur einem zufallen kann und dergleichen mehr.

Ohne die Frage nach einer *transsubjektiven Wertehierarchie* zu stellen, die zwar in Relation zur jeweiligen Person und jeweiligen Lebenssituation, aber in Absolutheit zum Ausmaß der von dieser Person in dieser Lebenssituation zu tragenden Verantwortung steht, lässt sich nichts „klären" und schon gar nicht ein therapeutisches Orientierungsleitsystem für neues, zukunftsträchtiges Handeln aufbauen. Alle Zukunftsoptionen blieben an der Frage des „Für wen?" hängen. Für den Ratsuchenden? Na gut. Und für den Rest der Welt? Darf Therapie des einen auf Kosten eines anderen erfolgen? Wenn nein, muss die *Lebensklärung* des einen das Wohl des anderen mit einschließen, und das bedeutet nichts Geringeres, als dass zwischen die Diskussion über subjektive Wertsysteme und den Aufbau von Orientierungsleitsystemen für neues, zukunftsträchtiges Handeln etwas dazwischengeschoben werden muss, nämlich die gemeinsame Suche nach Sinn: die Klärung der Kompatibilität des subjektiven Wertsystems mit dem objektiven Logos. Nur so kann Klarheit in ein Leben kommen – Klarheit, was am Ende des Auswegs aus der Krise, am Ende des therapeutischen Prozesses stehen soll, ja, mehr noch, was schlussendlich die Essenz der Existenz des Ratsuchenden ausmachen könnte.

Ein depressiver Mann

Um das schrittweise Vorgehen bei einer logotherapeutischen Lebensklärung zu veranschaulichen, möchte ich im Folgenden ein wenig aus meiner Praxis plaudern, selbstverständlich mit Erlaubnis meines einstigen Patienten und unter Wahrung seiner Anonymität (zu welchem Zwecke ein paar unwesentliche Details zu seiner Person verändert worden sind). Vielleicht kann der eine oder andere Leser, der sich gerade in einer Umbruchsphase befinden mag, ein paar Anregungen aus dieser Falldarstellung für sich selbst gewinnen.

Herr X, ein sonnengebräunter, sportlich aussehender Mann Mitte vierzig, kam in sehr schlechter gesundheitlicher Verfassung zu mir. Er war verkrampft, rang zeitweise nach Atem und bekam Anfälle von Schütteltremor. Er fühlte sich so elend, dass er „eigentlich zum Sterben hergeflogen sei", wie er erklärte, nämlich zu seiner einzigen Verwandten, einer Schwester, die in der Nähe unseres Instituts (bei München) wohnte und ihn an mich verwiesen hatte. „Von wo hergeflogen?" „Von Irland." Ob er dort zu Hause sei? Nein, er sei Deutscher, aber nirgends mehr zu Hause ... Der Mann verbarg den Kopf in seinen zittrigen Händen und mein spontaner Eindruck, dass körperliche Krankheitsfaktoren mit im Spiel seien, verstärkte sich. Ich ließ ihm Zeit, sich zu fassen, und brachte allmählich die nachstehende Geschichte aus ihm heraus.

Er war Ingenieur, sprach mehrere Sprachen fließend und hatte 20 Jahre lang einen Büromaschinenhandel in Afrika betrieben. Offenbar hatte das Geschäft unter seinem intensiven Einsatz floriert, insbesondere da er einheimisches Personal für eine gut funktionierende Reparaturwerkstätte am Ort angelernt hatte. Doch war die politische Lage des Landes aufgrund diverser Aufstände und Revolutionen in den letzten Jahren derart instabil geworden, dass er schon seit Längerem geplant hatte, Afrika wieder den Rücken zu kehren. Seine Konten auf einer Schweizer Bank waren in den 20 Jahren genügend angewachsen, um ihm ein sorgenfreies Leben ohne Arbeit zu ermöglichen. Der endgültige Entschluss, Afrika zu verlassen, war ihm jedoch im Herbst zuvor (unsere erste Besprechung fand im Januar statt) dadurch abgenommen worden, dass unbekannte Täter eine Bombe in sein Warenlager geworfen und dabei die meisten seiner Maschinen zerstört hatten. Herr X hatte daraufhin das Geschäft geschlossen, seinen Angestellten gekündigt und war nach Irland geflogen.

Nun zum privaten Teil: Fast zehn Jahre zuvor hatte er eine Schweizerin geheiratet und mit nach Afrika genommen Bald war ein Sohn geboren worden, worüber er sehr glücklich war. In der Hoffnung, seiner Familie später einmal als Entgelt für die harten Jahre in Afrika ein angenehmes Leben bieten zu können, hatte Herr X damals täglich 12–14 Stunden „geschuftet", was aus seiner heutigen Sicht ein Fehler war, wie er zugab. Denn seine Frau hatte das Klima nicht vertragen, kaum Anschluss unter der schwarzen Bevölkerung gefunden und sich noch dazu von ihrem Mann vernachlässigt gefühlt. Nach knapp vierjähriger Ehe war sie mit dem Sohn in die Schweiz zurückgekehrt und hatte von dort aus die Scheidung eingereicht. Herr X hatte eingewilligt und sie und das Kind seither nicht mehr gesehen, gleichwohl er finanziell für beide sorgte.

Während der kurzen Zeit des Zusammenlebens der Familie in Afrika hatte Herr X ein weites, schönes Grundstück mit Haus und Golfplatz in Irland erworben. Er, dessen einziges Hobby der Sport war, zum Beispiel die Großwildjagd im afrikanischen Busch, hatte davon geträumt, dass dies das Urlaubsparadies seiner Familie werden würde, wo er mit Frau und Kindern mehrere Wochen pro Jahr reiten, Golf und Tennis spielen sowie sich in der frischen, kühlen Luft von der tropischen Hitze erholen würde. Nach seiner Scheidung war dieser Traum zerronnen und er hatte den irischen Besitz, der von einem Haushälterehepaar gepflegt wurde, als Wertanlage behalten.

Dorthin hatte er sich im Herbst zuvor nach der abrupten Geschäftsschließung zurückgezogen. Wohin hätte er auch sonst gehen sollen? Das irische „Paradies" hatte sich jedoch von seiner tristesten Seite gezeigt. Herr X hatte allein in dem kühlen, leeren Haus gesessen, ohne Freunde und Bekannte, ohne Aufgabe und Lebensinhalt, ohne die geringste Ahnung, was er mit seinem restlichen Leben anfangen sollte. Vor den Fenstern war ein Dauerregen herabgerieselt und hatte seine Reit- und Golfambitionen im Keim erstickt. Da war er nun wie nach einem langen Lauf plötzlich zum Stillstand gekommen und all sein Geld, sein Wissen und die Fitness seines durchtrainierten Körpers waren ihm nutzlos erschienen. Das Gefühl hatte von ihm Besitz ergriffen, er sei an einer Endstation angelangt, von der aus keine Perspektive mehr weiterführe. So hatte er begonnen, bis Mittag im Bett liegen zu bleiben, danach ohne Appetit zu essen und nachmittags einsame Spaziergänge zu machen, von denen er fröstelnd und niedergeschlagen heimkehrte, um sich durch langweilige Abende hindurchzuquälen, kurzum, er war in eine tiefe Depression gefallen.

Hilfe suchend hatte er sich an einen irischen Psychiater gewandt, der ihm eine – für mich verblüffend hohe – Dosis Antidepressiva verschrieben und ihm eingeschärft hatte, diese regelmäßig zu nehmen. Das für mich Verblüffende, als ich die Medikation von

Herrn X überprüfte, war, dass eine Dosierung solchen Ausmaßes in Deutschland gewöhnlich nur an stationäre Patienten verabreicht wird, die unter ständiger ärztlicher Kontrolle stehen, wohingegen sie ambulant als ein zu großes Risiko angesehen würde. Auf meine Frage, wie zeitaufwendig die Untersuchung durch den irischen Psychiater denn gewesen sei, antwortete Herr X: 30 Minuten. Der Psychiater habe ihn gefragt, ob er frühmorgens schwer aus dem Bett komme und dem neuen Tag mit Unentschlossenheit und Lustlosigkeit entgegenblicke, was er, Herr X, bejaht habe. Daraufhin sei das Rezept ausgestellt worden.

Wie dem auch sei, Herr X hatte jedenfalls die Anweisung des Psychiaters einige Wochen lang gehorsam befolgt, während sich sein Allgemeinzustand kontinuierlich verschlechtert hatte. Schließlich war die panikartige Vorstellung bei ihm ausgebrochen, dass er sterben müsse, weshalb er das nächste Flugzeug genommen und sich zu seiner Schwester geflüchtet hatte. So war er bei mir „gelandet". Meine Frage, ob diese Schwester oder sonst jemand in seiner Familie auch schon einmal an Depressionen gelitten habe, verneinte er, fügte aber hinzu, dass es sich genau genommen um eine Adoptivschwester von ihm handle. Seine leibliche Mutter habe ihn als Neugeborenen vor einer Polizeiwache ausgesetzt, wodurch er bei Adoptiveltern aufgewachsen sei. Über seine leibliche Herkunft wisse er nichts.

Diagnostisches Abwägen

In Kenntnis dieser Vorgeschichte gibt es mehrere Möglichkeiten, den Fall zu beurteilen. Aber eines ist sicher: 30 Minuten sind viel zu kurz, um bei einem neuen Patienten zu einer vertretbaren Diagnose zu kommen. Um zu demonstrieren, welche Erwägungen einem Fachmann bei einer solchen Anamnese durch den Kopf gehen, seien die verschiedenen Möglichkeiten kurz umrissen.

Möglichkeit 1: Endogene Depression?

Der Verschreibung von Antidepressiva durch den irischen Psychiater ist zu entnehmen, dass dieser auf eine endogene Depression (organisch bedingte, „unipolare" Störung) getippt hat. Seine Frage nach dem für endogene Depressionen typischen „Morgentief" zielte in dieselbe Richtung. Denn oft ist es ein Charakteristikum des eingeschränkten Neurotransmitterflusses an den Synapsen der Nervenzellen, also eben der biochemischen Endogenität, dass die Patienten Tagesschwankungen in ihrem Befinden erleben: extrem schlechte Verfassung am Vormittag und milde Besserung am Spätnachmittag/Abend.

Allerdings ist es riskant, sich aufgrund eines solchen Einzelhinweises bereits auf die schwerwiegende Diagnose „endogene Depression" festzulegen, zumal wenn die entscheidende Frage nicht gelautet hat: „Fühlen Sie sich morgens schlechter als abends?", sondern nur auf das Wohlbefinden am Morgen abgezielt hat. Jeder, der an irgendwelchen depressiven Verstimmungen leidet, wird Fragen nach dem Wohlbefinden – egal, wann – prinzipiell negativ beantworten.

Dazu kommt die besondere Lage des Patienten in diesem Fall. Er hatte tagsüber nichts zu tun, nichts wartete auf ihn in Irland. Welcher Anreiz sollte ihn aus dem Bett locken? Ein menschenleeres Haus und ein regnerischer Novembertag laden nicht gerade zum Aufstehen ein. Aber das Herumdösen im warmen Bett befriedigt auch nicht ... Hierin könnte das ganze Geheimnis des diagnostizierten „Morgentiefs" gelegen haben.

Zuletzt ist nicht zu übersehen, dass die Antidepressiva beim Patienten keinerlei günstige Wirkung erbracht haben, was den Verdacht erhärtet, dass sie fehl am Platz gewesen sein könnten, weil die sie rechtfertigende Diagnose nicht gestimmt hat.

Möglichkeit 2: Reaktive Depression?

Das Drama um die Bombe, die im afrikanischen Warenlager des Patienten explodiert ist und ihn zur Berufsaufgabe gezwungen hat, ließe sich als ausreichend kummervolle Ursache einer reaktiven (exogenen) Depression interpretieren. Immerhin ist praktisch sein ganzes Lebenswerk innerhalb weniger Minuten „in die Luft geblasen worden".

Dennoch ist auch hierzu von vorschnellen Schlussfolgerungen abzuraten. Der Patient hat ausgesagt, dass er sich längst mit dem Gedanken getragen hatte, Afrika zu verlassen. Das passt zu dem „Gesamtplan", den sein jahrelanges Verhalten in großen Zügen enthüllt: eine Spanne Zeit intensiv arbeiten, um einen materiellen Fundus zu erwirtschaften, der eine spätere Zeitspanne größerer Annehmlichkeit und andersartiger Beschäftigung ermöglicht. All seine Träume hatten in diese Richtung tendiert, und nun war eben der „Zeitspannen-Wechsel" – mit militanter „Nachhilfe" – etwas früher zustande gekommen.

Außerdem ziehen reaktive Depressionen die gesamte kognitive und emotionale Konzentration eines Menschen magisch auf das erlittene Leid; nichts anderes ringsum findet Beachtung. Der Mensch versteinert sozusagen in seinem Leid. Mein Patient erwähnte jedoch mit keinem Wort, dass er in Irland an sein verlorenes Geschäft in Afrika gedacht oder überhaupt seiner Arbeit nachgetrauert habe. Pikanterweise klagte er über den irischen Regen mehr als über die afrikanische Bombe.

Möglichkeit 3: Neurotische Depression?

Formen neurotischer Depression sind in ihrem Kern Neurosen und keine Depressionen. Es sind entweder hysterische (histrionische) Formen, bei denen ein Patient depressive Symptome „produziert", um seiner Mitwelt Aufmerksamkeit und Zuwendung abzupressen, also sich einen Krankheitsgewinn davon verspricht, oder komplexe, angstbesetzte Formen, die ungelöste Konflikte, unüberwindbare Abhängigkeiten und uneingestandene Selbstwertdefizite ausdrücken.

Für den Patienten in unserem Fall trifft kaum etwas davon zu. Sein „Krankheitsgewinn“ war gleich null und weit und breit gab es niemanden, den er mithilfe einer Depression vorteilhaft beeindrucken hätte können. Auch für eine tief in ihm eingenistete Angst spricht wenig. Das Auswandern in einen anderen Kontinent, die zahlreich geknüpften Handelsverbindungen und die Safari-Abenteuer erzählen eher von überdurchschnittlicher Courage. Gewiss, seine Ehe ging schief, doch ist dieser Sachverhalt mit Vorsicht zu deuten. Wahrscheinlich wären nur wenige Frauen den außerordentlichen Strapazen jener Umstände gewachsen gewesen. Außerdem gibt es keinen vernünftigen Grund, warum der Patient nach seiner Scheidung sechs Jahre lang gut weiterleben und dann plötzlich depressiv zusammenbrechen sollte, wenn der Ehekonflikt für die Depression maßgeblich gewesen wäre.

Freilich ist da noch etwas: Seine Mutter hat ihn einst weggegeben. Psychologen werden bei solchen Informationen hellhörig. Aber wer sagt uns, dass die Kindheit des Patienten deswegen belastet gewesen sein muss? Konnte er nicht von der Adoptivfamilie bestens aufgenommen worden sein? Konnte es nicht, provokativ gedacht, das reinste Glück für ihn gewesen sein, dass die eigene Mutter ihn nicht behalten hat? Und selbst wenn er unter einer Ablehnung gelitten hätte, selbst wenn die Arbeitsplatzwahl „Afrika“ ursprünglich eine Flucht des jungen Mannes aus der Adoptivfamilie gewesen sein sollte, bliebe immer noch die Frage offen: Warum die Depression *jetzt*?

Immerhin ist zu registrieren, dass der Patient einerseits eine ausgezeichnete Schulbildung genossen und andererseits in seiner Not seine Adoptivschwester aufgesucht hat, was beides Fakten sind, die gegen ein unerfreuliches Kindheitsmilieu sprechen.

Möglichkeit 4: Noogene Depression?

Das Kennzeichen einer noogenen Depression ist ihrem Entdecker Viktor E. Frankl zufolge das „existentielle Vakuum“ – die Sinnleere, die sich in einem Menschenleben ausbreitet und alle Attraktivität aus ihm herausschwemmt. Dies geschieht, wenn die „gesunde Spannung“ zwischen den Fähigkeiten und Eignungen, die ein Mensch besitzt, und den Aufgaben in der Welt, die just jener Fähigkeiten und Eignungen bedürfen, um gelöst zu werden, nachlässt wie ein gerissenes Gummiband, das ein Ganzes in Form gehalten hat. Dann gerät das Lebensganze „außer“ Form. Entweder kommt es zu einer Art „Hexensabbat“, einer hektischen, betäubenden und exzessiven Jagd nach lustvollen Erlebnissen, kulinarischen oder sexuellen Schwelgereien, perversen Mutproben und sonstigen jammervollen Versuchen, Lebensqualität künstlich zu entfachen, wo sie am Erlöschen ist – die *noogene Neurose.* Oder es kommt zu Langeweile, Passivität, allumfassendem Desinteresse, Abstumpfung, dumpfem Missmut und chronischer Freudlosigkeit – die *noogene Depression.*

Wenn wir den Bericht unseres Patienten betrachten, können wir deutliche Kennzeichen einer noogenen Depression bei ihm feststellen. Die reduzierte Spannung in seinem Leben ist fast greifbar: Er hat nichts zu tun, er hat nichts vor, er fühlt sich von keiner Aufgabe angefordert, er spürt keinen Sinn mehr in seinem Dasein. Ihm ist, als müsste er ... sterben. Übersetzt könnte das auch heißen: Er weiß nicht, wozu er noch weiterleben soll. Von ihm hängt scheinbar nichts mehr ab, auf ihn kommt es nicht mehr an; so wie *er* gleichgültig für die Welt geworden ist, entbehrlich, nicht nur als Vater und Ehemann, sondern nun auch im Kontext seines Geschäftes und seiner dortigen Belegschaft, so ist *ihm* die Welt gleichgültig geworden. Nicht der bedauerliche Abschluss des alten Lebensabschnittes macht ihm zu schaffen, nein, der fehlende Beginn eines neuen Lebensabschnittes, welcher mit irgendeiner ihn faszinierenden Vision gefüllt wäre, ist es, was ihm seelisch zu schaffen macht. Die unausgefüllten Tage in Irland haben ihn frustriert und das Entsetzen ist in ihm hochgekrochen, diese Frustration könnte sich bis ans Ende seines Lebens fortsetzen.

Was mag das alles ausgelöst haben? Die Antwort ist nicht schwierig zu erraten Der Patient ist von einer hochaktiven und lange währenden Arbeitsphase ohne Übergang in eine abgeschirmte und still-beschauliche Ruhephase hinübergewechselt. Ein solch krasser Wechsel ist höchstens von Personen zu verkraften, die nach der alten Klosterregel „ora et labora“ gewohnt sind, kraftvolles Tun mit kontemplativer Meditation auszubalancieren. Im Prinzip gilt: Wer eine längere Periode starker Belastung, sei sie körperlich oder seelisch, hinter sich gebracht hat und sich davon erholen möchte, tut gut daran, langsam und schrittweise zur Entlastung überzugehen, mit dazwischengeschobenen „Aktivitätsschleusen“, die den Übergang mildern. Ansonsten läuft er Gefahr, unter im Grunde dringend benötigter, aber zu schnell eingetretener Entlastung körperlich oder seelisch zu erkranken, ähnlich einem Schnell-Läufer, der, am Ziel angelangt, noch ein wenig „nachlaufen“ muss, weil er ansonsten einen Kollaps erleiden könnte, würde er sich schlagartig niedersetzen. Frankl schrieb dazu:

Sobald der Druck aber weicht, gar erst, wenn dies plötzlich geschieht, gefährdet diese plötzliche Druckentlastung den Menschen, und diese Verhältnisse erinnern in gewissem Sinne an die so genannte Caisson-Krankheit, bei der ein Taucher, der zu rasch aus der Tiefe heraufgebracht wird, durch die damit einhergehende plötzliche Herabsetzung des atmosphärischen Drucks lebensgefährlich erkranken kann.[7]

Wir können also, um zu unserem Fall zurückzukehren, zunächst hypothetisch annehmen, dass bei Herrn X – analog der Caisson-Krankheit – durch die plötzliche Druckentlastung eine noogene Depression ausgelöst worden ist. Vielleicht hätten sportliche Betätigungen in Irland diesen Prozess noch aufgehalten, hätte es nicht damals zufällig wochenlang geregnet, was uns der Patient mit seiner Klage über das Wetter auch indirekt vermittelt hat. Doch war inzwischen seine Depression zu weit fortgeschritten, als dass Sportempfehlungen noch „gegriffen“ hätten. Außerdem gilt es in der Psychotherapie, das Übel bei der Wurzel zu packen, und die Wurzel war nach wie vor das spannungslose, sinnentleerte Leben, in das er abgerutscht war.

Möglichkeit 5: Psychosomatische Erkrankung?

Obwohl ich, wie dargelegt, zu einer vorläufigen diagnostischen Beurteilung des Falles gelangt war, bereitete mir die schlechte *körperliche* Verfassung des Patienten Sorgen. Seelisches kann sich zwar körperlich ausdrücken und die hohe Dosis an Antidepressiva, die der Patient immer noch einnahm, war ihm sicherlich nicht zuträglich, doch schienen mir seine körperlichen Beschwerden damit nicht hinreichend erklärt. War ein psychosomatisches Geschehen mitbeteiligt?

Psychosomatische Erkrankungen sind keine rein seelisch bedingten, also psychogenen Erkrankungen, wofür Laien sie oft halten. Bei psychosomatischen Erkrankungen gibt es eine körperliche Vorschädigung, die vorerst unauffällig bleibt, weil der Organismus sie (noch) zu kompensieren vermag. In dem Moment allerdings, da sich seelische Aufregungen, Ärgernisse oder ernsthafte Befürchtungen mit dieser körperlichen Vorschädigung summieren, büßt der Organismus durch eine Schwächung seines Immunsystems diese Kompensationsfähigkeit ein und die Vorschädigung manifestiert sich im Krankheitsausbruch. Findet eine solche „Summierung“ von körperlicher Krankheitsdisposition und seelischem Tief noch dazu auf dem Hintergrund eines unerfüllten oder gar sinnentleerten Lebens statt, kann der physische Zusammenbruch ziemlich massiv werden. In der Logotherapie spricht man dann von einem *noopsychosomatischen Krankheitsgeschehen.*

Der Patient in unserem Fall hat in seiner Vorgeschichte zwar keinerlei Krankheitsanfälligkeit erwähnt, aber da es sich bei (noo)psychosomatischen Zusammenbrüchen von Lebensfunktionen um Folgen zuvor latenter, im Menschen unbemerkt schlummernder Vorschädigungen handelt, die sich nur in Kombination mit zusätzlichen Problemen bemerkbar machen, war ihr Vorhandensein bei ihm nicht auszuschließen – zumal eine Krankheitsanfälligkeit die über eine noogene Depression hinausreichende schlechte körperliche Verfassung des Patienten erklärt hätte. Meine Diagnose wäre dann um einen – mir unbekannten – medizinischen Teil zu ergänzen gewesen.

Diese Überlegungen bedurften weiterer Klärung. Also teilte ich Herrn X mit, dass eine gründliche ärztliche Untersuchung von ihm notwendig sei, bevor wir mit unserer psychotherapeutischen Arbeit beginnen könnten, und vereinbarte für ihn einen entsprechenden Arzttermin.

Die ärztliche Intervention

Nach einigen Tagen lag das Ergebnis der ärztlichen Untersuchung vor. Herr X hatte viele Jahre lang vorbeugende Medikamente gegen Malaria einnehmen müssen und diese beim Verlassen Afrikas abgesetzt. Trotzdem waren sie noch in seinem Körper und vertrugen sich nicht mit den Antidepressiva, die er seit Wochen einnahm. Daraus resultierten seine physischen Beschwernisse. (Der irische Psychiater hatte Herrn X zwar gefragt, ob dieser irgendwelche Medikamente regelmäßig benütze, aber da Herr X die Frage wahrheitsgemäß verneint hatte – die Antimalariamittel waren ja bereits abgesetzt, und wie sollte er als Nichtmediziner wissen, dass sie vom Organismus noch nicht völlig ausgeschieden waren? –, hatte der Psychiater die fatale Wirkunverträglichkeit beider Substanzen gar nicht in den Blick bekommen. Eine Erstuntersuchung von nur 30 Minuten rächt sich eben ...)

Davon abgesehen fanden sich glücklicherweise keine körperlichen (Vor-)Schäden bei Herrn X. Die Ärztin ordnete an, die ohnehin überhöhte Dosis von Antidepressiva schleunigst zu reduzieren, was aber nur in einem ärztlich überwachten Abbau möglich war. Innerhalb von drei bis vier Wochen sollte die Dosis unter dem Schutz von Nebeneffekt-lindernden Mitteln auf ein unkritisches Maß hinuntergedrückt werden. Dazu war Herrn X ein genauer Plan unterbreitet worden.

Im Übrigen schloss sich die Ärztin meiner Ansicht an, dass es sich bei diesem Patienten eher um eine noogene als um eine endogene Depression handle. Sie meinte, Genaues werde sich zeigen: Sollte dennoch ein endogener Faktor mitbeteiligt sein, werde seine Depression im Zuge der Dosisherabsetzung der Antidepressiva verstärkt wieder aufflammen. Dies sei dann eine Indikation für eine Klinikeinweisung, die dann unvermeidlich werde, aber sie glaubte nicht daran; wie sich später herausstellen sollte, zu Recht.

Als Fazit hatte Herr X jetzt seinen genauen „Medikamentefahrplan" mit dem Ziel, seine körperliche Stabilität zurückzugewinnen, und ich hatte die Bahn frei für meine psychotherapeutische Arbeit.

Der logotherapeutische Ansatz

Da ein noopsychosomatischer Zusammenbruch beim Patienten ausgeklammert werden konnte und eine mögliche Endogenität seiner Depression bei den fachlichen Überlegungen in den Hintergrund gerückt war, war eine *Lebensklärung* mit dem Patienten angesagt.

In der Logotherapie, die sich vorrangig mit glückendem Leben im Hier und Jetzt beschäftigt, ist das noogene Problemfeld einer der seltenen Anlässe, auch die Vergangenheit eines Patienten zu durchleuchten – aber nicht auf der Suche nach seelischen Verletzungen, die gegebenenfalls verdrängt worden seien, sondern auf der Suche nach erfahrenen Höhepunkten, die bei einem Menschen nachhaltige „Sinnspuren“ hinterlassen haben könnten. „Sinnspuren“, die verschüttet, aber reaktivierbar sein mögen. Ich entschloss mich daher, bei meinem Patienten mit einer derartigen „Schatzsuche“ zu beginnen, und startete mit der (stets spannenden) Frage: „Können Sie mir sagen, was die schönste Zeit Ihres bisherigen Lebens war? Eine Zeit, in der Sie wie von einem Hochgefühl getragen wurden im Bewusstsein, dass es gut ist, dass es Sie gibt?“ Herr X dachte nicht lange darüber nach. „Das war die Zeit, als unser Sohn geboren wurde“, antwortete er. „Da hatte ich das Empfinden, wichtig und unentbehrlich zu sein, und war ganz begeistert von der Idee, meiner Familie eine zufriedenstellende Zukunft zu schaffen.“ „Blieb dieses Empfinden während der drei Jahre, in denen Ihre Frau und Ihr Sohn bei Ihnen in Afrika weilten, bestehen?“, hakte ich nach. „Ja“, nickte er, „für mich war es eine herrliche Zeit. Wahrscheinlich war ich zu unsensibel, um zu merken, wie sehr meiner Frau alles missfiel. Ich war zu wenig zu Hause, das war meine Schuld ...“

Was ich suchte, waren keine Selbstbezichtigungen, sondern basale Werte. Deshalb lenkte ich unser Gespräch auf den Sohn zurück. „Wenn ich Sie richtig verstanden habe, haben Sie Ihren Sohn seit rund sechs Jahren nicht mehr gesehen. Warum eigentlich nicht?“ Diesmal zögerte Herr X, als fände er keine passenden Worte. Aus seiner Verlegenheit schloss ich, dass ein „wunder Punkt“ berührt worden war. „Ach, ich war so weit weg und hatte so viel zu tun –“, meinte er ausweichend. „Weit weg und viel zu tun“, wiederholte ich nachdenklich. „Aber jetzt sind Sie ziemlich nahe und haben wenig zu tun ...?“ Herr X schwieg.

Es war nicht meine Absicht, ihn zur Kontaktaufnahme mit seinem Sohn zu drängen, aber immerhin *war* er der Vater und dieses Vatersein musste in seiner Sinnhaftigkeit geklärt werden. „Ich weiß nicht, wie meine frühere Frau dazu stehen würde, wenn ich sie und das Kind besuchen käme“, gestand er schließlich. „Vielleicht ist sie wieder verheiratet, und um das zu erfahren, habe ich es nicht eilig …" Der „wunde Punkt" war also zum Vorschein gekommen und konnte „verpflastert" werden. Ich setzte Herrn X behutsam auseinander, dass er sich selbst etwas Unangenehmes ersparte, indem er seinem Sohn den Vater vorenthielt. Wollte er das? Es konnte zwar sein, dass ein Stiefvater da war, doch würde sein Sohn vielleicht eines fernen Tages dennoch Überlegungen darüber anstellen, warum sich sein leiblicher Vater niemals um ihn gekümmert, warum er ihn schier vergessen hatte. Und er würde sich eigene Interpretationen zurechtlegen, stimmige oder unstimmige … „Unstimmige vermutlich", unterbrach mich Herr X mit rauer Stimme, „denn von Vergessen kann keine Rede sein!" „Sie sagen, Sie wissen nicht, wie Ihre frühere Frau zu einem Besuch von Ihnen stehen würde", nahm ich den Faden wieder auf, „könnten Sie dies in Erfahrung bringen?" Wir diskutierten noch eine Weile darüber, bis sich Herr X zu dem Entschluss durchrang, in den nächsten Tagen in der Schweiz anzurufen und die Sachlage mit seiner geschiedenen Frau zu erörtern.

Noch eine zweite Aufgabe gab ich ihm mit auf den Weg. Als Gegengewicht zur Rückschau am Beginn unseres Gesprächs erlaubten wir uns gegen Ende eine kurze Vorausschau. Ich kam auf seine Ursprungsbemerkung zurück, er sei „nirgends mehr zu Hause", und legte ihm die Erfahrung dar, dass es für ein gelingendes Leben notwendig ist, einen bestimmten Ort als sein Zuhause zu definieren. Ohne eine solche innere Zugehörigkeit, ohne irgendwo Wurzeln geschlagen zu haben, machen die eindrucksvollsten Reisen und Fahrten nicht recht froh. Das hieße, Herr X müsse sich für die Zukunft ein neues Zuhause erwählen, und zwar eines, zu dem er vom Atmosphärischen (Landschaft, Sprache, Mentalität, Gebräuche) her einen Zugang besitze. Darüber, wo dieses neue Zuhause liegen könnte, solle er sich allmählich Gedanken machen. Ich betonte, dass es dazu auch gehöre, dass er sich in München und Umgebung, wo er aufgewachsen war, umsehe mit der Frage, ob er seiner Herkunftsscholle noch verbunden oder längst entwachsen sei. (Dass ich mit diesem Vorschlag in erster Linie verhüten wollte, dass sich Herr X in der Wohnung seiner Schwester ähnlich vergrabe und passiv herumsitze wie in seinem Haus in Irland, fügte ich nicht hinzu.)

Wiedersehen mit dem Sohn

Nach einigen Tagen traf Herr X weniger verkrampft und mit einem gewissen Elan ein. Gleich nach der Begrüßung berichtete er mir, dass das Telefongespräch mit seiner früheren Frau positiv verlaufen sei. Obgleich zunächst etwas spöttisch wegen der langen „Sendepause", habe sie ihm bereitwillig anheimgestellt, mit seinem Sohn in der Faschingswoche Ski laufen zu gehen. Sie selbst sei mit einem Freund liiert, mit dem sie in derselben Woche wegzufahren gedenke, weswegen ihr die Unterbringung des Kindes beim Vater durchaus gelegen komme. Ich sah auf meinen Kalender. Bis zur Faschingswoche waren noch zehn Tage. „Glauben Sie, dass mein Sohn mich wiedererkennen wird, wenn er mich sieht?" Der Gedanke von Herrn X löste in mir ein Alarmsignal aus.

Die Faschingswoche, die sich für den Patienten als erster zaghafter Lichtschimmer in der Düsternis seiner Depression abzeichnete, erforderte eine intensive Vorbereitung, ohne die sie zusätzliche „Gewitter" heraufbeschwören konnte. Für das Kind war der Mann ein Fremder geworden. Es mochte sich beim Wiedersehen weinend an die Mutter klammern und jeden Kontakt mit dem „Fremden" verweigern. Dies könnte für den Patienten im krassesten Falle bedeuten: „Jetzt habe ich Frau, Beruf und Sohn verloren, alles, was mir lieb und teuer war, jetzt bin ich am Ende!" In seiner labilen gesundheitlichen Verfassung und mit einer möglicherweise unterliegenden endogenen Depression, die geistige Trotz- und Widerstandskräfte lähmt, war ihm jede Kurzschlusshandlung zuzutrauen.

Ich hatte daher das eingeleitete Verfahren zur *Lebensklärung* zu unterbrechen und mich in den nächsten zehn Tagen auf die Begegnung Vater-Sohn zu konzentrieren. Diese hatte einzig dann eine

Chance, konstruktiv zu verlaufen, wenn sich der Vater in hohem Maße kindgerecht verhalten würde. Um ihn dafür zu „präparieren“, war eine gehörige Portion Selbstvergessenheit mit ihm einzuüben: Er musste seine eigenen Wünsche und Neigungen zurückstellen und sich selbst überschreiten in Richtung auf das Wohl des Kindes. Nur dann nämlich würde für das Kind jener „Schonraum“ gewährleistet sein, den es benötigte, um sich in dem seinem Entwicklungsstand entsprechenden Tempo dem Vater vertrauensvoll anzunähern. Die uralte Paradoxie, dass derjenige am ehesten sein Glück findet, der es am allerwenigsten anstrebt, galt es therapeutisch fruchtbar zu machen.

Deshalb antwortete ich meinem Patienten auf die Frage, ob der Sohn ihn wiedererkennen werde: „Darauf kommt es nicht an. Worauf es ankommt, ist, ob *Sie* das Kind erkennen werden, erkennen in seinem Wesen und in seinen Bedürfnissen. Worauf es ankommt, ist, ob Sie geduldig werden warten können, bis der Kleine seine natürliche Scheu vor Ihnen verliert, und ob Sie freundlich auf ihn werden eingehen können, wenn er Sie brüsk herausfordert. Was auf das Kind zukommt, ist nicht leicht, und es liegt in Ihrer Hand, es ihm leichter zu machen.“

Herr X war über die Wende unseres Gesprächs erstaunt, aber ich ließ nicht locker, ihm Erkenntnisse aus der Entwicklungspsychologie zu vermitteln und ihm Behutsamkeit und Einfühlungsvermögen in Bezug auf die Seele eines Neunjährigen ans Herz zu legen. Allmählich begriff er, dass ein Kind kein Spielball der Launen seiner Eltern und auch kein Mittel zur Bekämpfung der Depression seines Vaters ist, sondern eine eigenständige Person, der gegenüber die Eltern Verantwortung tragen. Die Überprüfung des subjektiven Wertes „mein geliebter Sohn“ am objektiven Logos „unantastbare Würde der Person“ veränderte seine Erwartungshaltung in eine Demutshaltung in dem Sinne, dass er, als er sich von mir verabschiedete, seine Schweizer Skitour ohne überzogene Hoffnungen, dafür aber mit reichlich guten Vorsätzen antrat. Mit im Gepäck hatte er die Einsicht, dass *mit Liebe gerade nicht die Erwartung des Geliebtwerdens gemeint ist.*

Fast zwei Wochen waren vergangen, als Herr X wiederkam, und es war das erste Mal, dass ich ihn lächeln sah. Er wirkte insgesamt frisch und entspannt, was zweifellos mit der inzwischen erfolgten Reduktion der Antidepressiva auf eine Minimaldosis zu tun hatte. Mein spontaner Eindruck war: „Gott sei Dank, seine Depression ist nicht endogen", was die Ärztin bei einer Kontrolle am darauffolgenden Tag bestätigte.

Gespannt wartete ich auf seinen Bericht über die Faschingswoche, die jedoch ganz anders verlaufen war als geplant. Herr X erzählte, dass er bei seiner Ankunft den Sohn mit Grippe und Fieber im Bett und seine frühere Frau ziemlich verärgert vorgefunden habe. Er könne gleich wieder umdrehen und zurückreisen, habe sie beim Empfang gesagt, sichtlich enttäuscht darüber, dass der mit ihrem Freund geplante Ausflug ins Wasser fallen musste. Da hatte Herr X (in Erinnerung an unsere Gespräche?) ein beachtliches Maß an Selbstüberschreitung bewiesen und ihr angeboten, die Woche am Krankenlager des Kindes zu verbringen. „All die Jahre hast du seine Erziehung allein geleistet", hatte er eingestanden, „so erlaube, dass ich dir die Sorge für ihn wenigstens ein paar Tage lang abnehme, und fahre beruhigt in den Urlaub, den du sicher dringend brauchst. Ich werde nicht von seiner Seite weichen und ihn gut betreuen. Ob ich ihm Skifahren beibringe oder ihm Umschläge mache und Bronchialtee koche, ist egal. Ich bin einfach dankbar, die Verbindung mit ihm erneuern zu dürfen."

Das freundliche Angebot hatte die anfängliche Skepsis der Mutter zu zerstreuen vermocht, wodurch es dazu gekommen war, dass Herr X eine ganze Woche allein mit seinem Sohn, mit dem er seit sechs Jahren nicht mehr kommuniziert hatte, in der mütterlichen Wohnung verbracht hatte.

Vielleicht war diese Konstellation, rückblickend betrachtet, sogar günstiger gewesen als jede Skipartie. Denn Vater und Sohn haben laut Bericht in diesen wenigen Tagen ein inniges Band geknüpft. Der Sohn hatte nicht genug Geschichten und Fabeln aus dem sagenumwobenen Afrika hören können und der Vater war nicht müde geworden, solche zu erfinden, um die Hals- und Gliederschmerzen des Jungen zu versüßen. Als die Mutter heimkehrte, war ihr Sohn bereits aufgestanden, die Wohnung in tadelloser Ordnung und Herr X abfahrbereit. Gemeinsam hatten sie noch vereinbart, dass der Junge in den Osterferien seinen Vater in München würde besuchen dürfen.

Während ich den Worten von Herrn X lauschte, dachte ich unwillkürlich an einen Spruch, den mir Viktor E. Frankl einst zum Anfang meiner psychotherapeutischen Laufbahn mitgegeben hat: *„Wenn Sie mit einem Patienten auf dem richtigen Weg sind, hilft Ihnen das Leben."*

Wie wahr dieser tröstliche Spruch ist, erfuhr ich, als Herr X seine Erzählung fortsetzte. „Ich habe jetzt auch eine Idee", sagte er, „wo ich mich in Zukunft gerne niederlassen würde. Als ich von der Schweiz durch die liebliche Bodenseegegend zurückfuhr, dachte ich mir, *hier* könnte ich mir ein neues Zuhause vorstellen. Nach München zieht es mich nicht, und in der Schweiz kann ich als Ausländer nur unter größten Schwierigkeiten siedeln. Aber auf der deutschen Seite des Bodensees könnte ich eine Wohnung oder ein Häuschen erwerben und ‚Wurzeln schlagen', wie Sie es formuliert haben. Die Landschaft und ihre Bewohner gefallen mir und es hätte den Vorteil, dass ich mich öfters mit meinem Sohn treffen könnte. Zumal meine geschiedene Frau beabsichtigt, ihn später in ein Internat zu schicken. Von dort aus könnte er dann am Wochenende abwechselnd zu ihr und zu mir zu Besuch kommen ..." Herr X fügte hinzu, dass er einen Makler beauftragen werde, nach einem geeigneten Wohnobjekt für ihn Ausschau zu halten, damit er, wenn er seinen Sohn nach den Osterferien in die Schweiz zurückbringen werde, unterwegs mit diesem zusammen entsprechende Angebote am Bodensee besichtigen könne.

Ich gratulierte Herrn X zu der bravourösen Art, wie er die „Schweizer Umstände“ gemeistert hatte, und freute mich mit ihm über die neuen Perspektiven, die sich ihm nunmehr eröffneten. Tags darauf setzte die Ärztin die letzte Minimaldosis Antidepressiva bei Herrn X ab und ermahnte ihn, seine logotherapeutische Behandlung bei mir weiterzuführen, was er gerne tat.

Ich griff das Projekt *Lebensklärung* wieder auf. Dieses war mit einer „Schatzsuche“ in der Lebensvergangenheit des Patienten gestartet worden und auf Anhieb fündig geworden: Seine Zuneigung zum Sohn konnte reaktiviert und in sinnvolles Handeln umgesetzt werden. Dabei waren auch „Nachwehen“ eines vergangenen Schmerzes zutage getreten: „Vielleicht ist sie wieder verheiratet, und um das zu erfahren habe ich es nicht eilig“, hatte der Patient im Zusammenhang mit seiner früheren Frau geäußert – Zeichen einer noch nicht vollständig gelösten emotionalen Bindung zu ihr. Ich bin auf diesen vergangenen Schmerz bewusst nicht eingegangen, sondern habe den Patienten ermutigt, der Wirklichkeit ins Gesicht zu schauen und die „Nachwehen“ schlichtweg auszuhalten. Nach der Faschingswoche schien er damit keine Probleme mehr zu haben, denn er sprach ganz lässig von zukünftigen Besuchskontakten, bei denen ja Begegnungen mit dem Freund seiner geschiedenen Frau unumgänglich sein würden.

Das Projekt *Lebensklärung* war kurzzeitig unterbrochen worden durch eine Informationsphase zum rechten Umgang mit Kindern unter Berücksichtigung des besonderen Fremdheitsgrades zwischen Vater und Sohn in diesem Fall. Doch durfte ich mich auf dem bisher Erreichten nicht „ausruhen“. Die Prognose war immer noch bedenklich: Ein kräftiger, intelligenter und harte Arbeit gewöhnter Mann Mitte vierzig kann nicht bloß die Sonntagsvaterrolle spielen und daneben ein Rentnerdasein führen. Ich sah ihn bereits vor meinem inneren Auge in einem teuren Häuschen am Bodensee sitzen, mit hängendem Kopf und lauem Desinteresse in den Regen hinausstarrend und auf den in zwei Wochen fälligen Sonntagsbesuch seines Sohnes wartend ... Nein, so ging das nicht. Die Sinnforderung der Stunde musste mehr umfassen, und so ging ich daran, sie gemeinsam mit meinem Patienten zu entdecken.

Texte über Afrika

Die Entdeckung der „Forderung der Stunde“ erfolgt gewöhnlich über eine *Werteantizipation*. Denn dort, wo Werte, die noch nicht realisiert sind, vorwegnehmend als Soll-Werte wahrgenommen werden, fühlt sich ein Mensch angesprochen und aufgerufen, zu ihrer Realisierung beizutragen. Ich hatte daher bei unseren weiteren Gesprächen darauf zu achten, bei welchen Gelegenheiten und Themenschwerpunkten Werte vom Patienten antizipiert würden, und das bedeutete, dass wir uns verstärkt von seiner Geschichte weg und „seiner“ Welt zuwenden mussten. Was war (zumindest lange Zeit) „seine“ Welt gewesen? Ich lenkte unser Gespräch auf Afrika. Wie viel Erfahrung mochte er in den 20 Jahren seines Aufenthaltes über diesen gewaltigen und geheimnisvollen Kontinent gesammelt haben!

Gern ließ ich mich von Herrn X über kulturelle und ethnologische Besonderheiten in den einzelnen Ländern belehren und fragte unter anderem nach den tieferen politischen Hintergründen der Krisen im Sudan und in Somalia, über die man sich bei uns in Europa nur schwer ein Bild machen konnte. Herr X gab sachlich und kompetent Auskunft und schilderte auch einige persönliche Erlebnisse, die seine Ausführungen in tragikomischer Weise auflockerten. Er blühte sichtlich dabei auf, von demjenigen sprechen zu können, was ihm höchst vertraut war.

Irgendwann fiel mir auf, dass sich häufig ein vorwurfsvoller Unterton in seine Schilderungen mischte, und zwar des Inhalts, dass die europäische Berichterstattung über wirtschaftliche und gesellschaftliche Entwicklungen in Afrika voller Irrtümer sei. „Die

Medien bringen fast nur verzerrte Informationen", beschwerte sich Herr X, „mir wird manchmal direkt übel, wenn ich englische oder deutsche Nachrichten höre. Da schicken sie einen Reporter für zehn Tage ins Landesinnere, um ein paar Videoaufnahmen zu machen, und dann soll dieser mit seinem westlich geschulten Verstand die schnell gedrehten Szenen kommentieren. Dabei kommt oft der reinste Unfug heraus." Ich griff seine Kritik auf und fragte nach den Medien, die einigermaßen taugliche Informationen brächten, doch Herr X winkte ab. „Um die wahren Vorgänge auf diesem riesigen Kontinent und die Mentalität seiner verschiedenen Bevölkerungsgruppen zu verstehen, braucht es Jahrzehnte ..."

Hier hatten wir, so merkwürdig dies klingen mag, eine *Wertantizipation.* Denn nicht nur die Freude an etwas drückt Wertefühligkeit und Wertschätzung aus, sondern auch das Leiden an etwas enthüllt eine Wertwahrnehmung – versteckt in einer „Unwertwahrnehmung". Viktor E. Frankl schrieb darüber: *„Das Leiden schafft* eine fruchtbare, man möchte sagen: *eine revolutionäre Spannung,* indem es den Menschen das, was nicht sein soll, als solches überhaupt empfinden lässt."[8] Was nicht sein soll, der wahrgenommene „Unwert", dechiffriert also den vom Betreffenden (an)erkannten und antizipierten Wert, welcher sein sollte. (Leidet zum Beispiel jemand an weggeworfenen Cola-Dosen im Wald und klagt darüber, so bedeutet ihm eine saubere Natur einen hohen Wert.) Bei unserem Patienten lautete der antizipierte Soll-Wert, der durch seine Kritik hindurchschimmerte: wahrheitsgetreue und gerechte Berichterstattung über Afrika und seine Bewohner.

Dieser Soll-Wert eignete sich ideal zu einem „confronting approach", wie die Amerikaner einen genialen logotherapeutischen „Schachzug" nennen. Dabei wird der Patient mit zweierlei konfrontiert: auf der einen Seite mit seinen spezifischen Fähigkeiten und Erfahrungen (lustvollen und bitteren Erfahrungen), die ihn in einer bestimmten Weise qualifizieren, und andererseits mit gewissen „Unwerten" bzw Unvollkommenheiten in der Welt, die nach Korrektur und Veränderung drängen, aber einzig und allein von Personen *mit dieser spezifischen Qualifikation* korrigiert und verändert werden können Beim „confronting approach“ wird dem Patienten weder etwas vorgeschlagen noch wird ihm eine Wertverwirklichung nahegelegt; er wird bloß mit zwei Teilen, man könnte sagen, mit zwei „Halbheiten“ konfrontiert, die einander zu einem sinnvollen Ganzen ergänzen würden, weil sie „wie füreinander geschaffen sind“. Kaum jemand kann sich dem magnetischen Sog, der diesen zwei „Halbheiten“ entströmt, entziehen. In der Konfrontation erwacht der Wille, zusammenzufügen, was der Logos verbindet.

Dass auch bittere Erfahrungen für bestimmte, „bitter nötige“ Aufgaben in der Welt qualifizieren, gehört mit zur besonderen Attraktivität dieser Methode. So sind beispielsweise Eltern, die ein Kind durch Tod verloren haben, unter Umständen „höher qualifiziert“, anderen verwaisten Eltern Trost zu spenden, als Eltern, deren Kinder leben. *Weil* sie es aber sind und *weil* ein echter Bedarf an Trost in der Welt besteht, sind sie gleichsam „gebeten“, diese Aufgabe zu erfüllen, die keiner erfüllen kann wie sie. Selbstverständlich nicht „gebeten“ von einem Therapeuten, sondern von der objektiven Sinnhaftigkeit der gegebenen Situation, zu deren Transparenz die Therapie lediglich verhelfen kann.

Zurück zu unserem Patienten, der sich über mangelhafte Reportagen bezüglich afrikanischer Länder beklagte. „Wer könnte denn solche verzerrten Informationen richtigstellen?“, fragte ich ihn. „Wie gesagt, nur jemand mit jahrzehntelanger Erfahrung –“. „Gewiss“, unterbrach ich ihn, „und es müsste auch jemand sein, der im Unterschied zu den von Ihnen erwähnten Berichterstattern Zeit und Muße hat, um sozusagen die Spreu vom Weizen zu scheiden, denn wahrscheinlich sind es außerordentlich diffizile Bereiche, die einer Bewusstseinsrevision bedürfen.“ Er stimmte mir sofort zu. „Schließlich müsste es noch jemand sein, dem eine gewisse sprachliche Gewandtheit und Vielseitigkeit eignet, damit er die Komplexität der Geschehnisse einfangen und wiedergeben kann. Also jemand mit genügend

Afrikaerfahrung, genügend freier Zeit und einer sprachlichen Begabung ..." Ich hielt inne. Er spürte den magnetischen Sog zweier Halbheiten. „Meinen Sie etwa mich? Wollen Sie andeuten, *ich* sollte anfangen, Aufsätze über afrikanische Kulturen etc. zu schreiben?" Der Schalk blitzte Herrn X aus den Augen. „Ich wollte nur andeuten, dass Sie wie kaum ein anderer dazu befähigt wären", erwiderte ich. „Aber warum sollte ich mir diese Mühe machen?" „*Sie* haben angedeutet, *man* sollte sich die Mühe machen – um der Gerechtigkeit willen, um der Wahrheit willen, soviel ich verstanden habe –". Diesmal fiel er mir ins Wort: „Ja, schon. Aber ich?" „An welchen ‚man' haben Sie gedacht?" „Na, an die Leute, deren Job es ist!" „Sie erklärten, die Leute, deren Job es ist, reisen für zehn Tage nach Afrika und machen ein paar Videoaufnahmen ..." Er lachte, dann trat eine lange Pause ein. Ich sah, dass es in ihm arbeitete, und störte ihn nicht.

Als er wieder zu sprechen begann, war er ernst. „Ich weiß, kritisieren ist leicht, aber tatkräftig verändern ist fruchtbarer. Sie haben nicht Unrecht. Das Merkwürdige ist, dass mein erster Berufswunsch „Sportreporter" gewesen ist. Als Teenager habe ich davon geträumt, bei Olympischen Spielen dabei zu sein und die Rundfunkzuhörer auf dem Laufenden zu halten." „Nun, und wenn es statt Sport Afrika wäre?", warf ich ein. „Sie hätten heute den großen Vorteil, dass Sie damit nicht Ihren Lebensunterhalt verdienen müssten. Es könnte die Erfüllung eines Jugendtraumes in Form eines nützlichen Hobbys sein." „Eine interessante Anregung", meinte Herr X am Ende dieses Gesprächs. „Ich werde darüber nachdenken."

Eine Woche darauf hatte Herr X gründlich nachgedacht. Er hatte sogar mit dem Direktor einer Auslandsabteilung beim Fernsehen und mit einer Reihe von Redakteuren von Magazinen telefoniert. Das Ergebnis war niederschmetternd; an einer „ehrenamtlichen Kooperation" mit ihm war niemandem gelegen. Doch ich teilte seine resignative Stimmung nicht. Ich hätte es vielmehr als ein Wunder betrachtet, wenn sich innerhalb einer Woche ausbaufähige Chancen für ihn aufgetan hätten.

Dass Herr X, der über zahlreiche Hürden geklettert war, als er seinerzeit den Büromaschinenhandel in Schwung gebracht hatte, so schnell aufgeben wollte, bewies, wie tief die „Depressionswolken" immer noch in seiner Seele „hingen". Da bedurfte es eines *Orientierungsleitsystems* mit klarer Planung, kleinen Einheiten und einem Impuls zur Trägheitsüberwindung. Ich entschloss mich, eine von ihm positiv assoziierte Symbolik zu verwenden.

„Sie haben mir doch von Ihren Großwildjagden im afrikanischen Busch erzählt", begann ich und gewann damit seine Aufmerksamkeit. „Wie ist es eigentlich bei solch einer Jagd mit dem Aufspüren der Tiere? Setzt man sich mit der Flinte in der Hand vor das Zelt und wartet, bis ein Nashorn oder ein Zebra herbeispaziert und in Schussweite posiert?" Herr X amüsierte sich über meine Naivität und erläuterte mir einige Kniffe und Tricks über das Fährtenlesen, Wasserlöcherfinden und Gegen-den-Wind-Anschleichen. Genau das hatte ich hören wollen. „Man muss also bedächtig und klug selbst die leisesten Spuren verfolgen, darf sich von tagelangem Warten nicht abschrecken lassen und bei rechtzeitig fliehendem Wild nicht ungeduldig werden", fasste ich seine Erläuterungen zusammen. „Man muss unverdrossen auf potenzielle Beute zielen und im entscheidenden Moment den Mut aufbringen, sich einer hautnahen Begegnung zu stellen ... Sehen Sie, dies alles können Sie. Dies alles haben Sie, wenn Sie auf Safari waren, geübt und erprobt. Und jetzt sind Sie wieder auf Safari, nur dass die Beute in einer Chance besteht, Ihre allgemeinbildenden Fachinformationen über Land und Leute an den aufgeschlossenen Leser oder Hörer weiterzureichen. Wieder gilt es, mögliche Spuren konsequent zu verfolgen, in nervenzermürbendem Warten auszuharren, ja, vielleicht Köder zu legen in Form eingeschickter Artikel, und am Ende mutig einen Vertrag zu unterschreiben ..."

Während unserer Gesprächsfortsetzung bahnte sich zusehends die „Sonne" ihren Weg durch die „Depressionswolken" von Herrn X, der die Symbolik voll akzeptierte und sich auf eine Diskussion konkreter kleiner Schritte in Richtung auf sein Ziel einließ, seine „Beute", wie er lächelnd betonte.

Das Haus in Irland

Unsere nächste Besprechung fand in einem größeren zeitlichen Abstand statt und war der baldigen Ankunft seines Sohnes in München gewidmet. Herr X hatte fast all seine Passivität abgestreift. Die Vorbereitungen für ein kindgerechtes Osterferienprogramm liefen auf Hochtouren, mehrere käufliche Wohnobjekte im Bodenseeraum warteten auf die gemeinsame Besichtigung während der Rückfahrt, und ganz nebenbei waren für diverse Zeitschriften ein paar gute Texte über die Wanderungen von afrikanischen Eingeborenenstämmen in Abhängigkeit von klimatischen Veränderungen verfasst worden. Da im Moment keine therapeutische Unterstützung meinerseits nötig war, wünschte ich Herrn X bei seinen Vorhaben viel Glück und vereinbarte einen Kontrolltermin im Mai.

Bei diesem erzählte er mir, dass die zweite Wiederaufnahme des Kontakts mit seinem Sohn, die sich von der ersten grundlegend unterschieden hatte, für beide Seiten befriedigend verlaufen war. Die Wohnobjekte am Bodensee hingegen hatten nicht gepasst und die von ihm geschriebenen Abhandlungen waren allesamt ergebnislos zurückgekommen. So standen die Dinge. Manches braucht eben seine Zeit zum Reifen, was Herr X inzwischen gelassen hinnahm.

Aus therapeutischer Sicht war eine wesentliche Besserung seines psychischen Zustandsbildes – körperlich war er schon lange wieder fit – zu verzeichnen. Er strahlte eine frische Vitalität aus. Dafür, dass Ziele erreicht werden, hat der Therapeut nicht zu sorgen, nur dafür, dass sinn- und wertvolle Ziele existieren in einem Leben, und dieser Sorge war ich nachgekommen. Dennoch gab es einen bei der *Lebensklärung* dieses Patienten noch ungeklärten Faktor, nämlich sein Haus in Irland – den einstigen Auslöser seiner noogenen

Depression. Ich wusste, darüber würde noch zu reden sein. Denn was eine noogene Depression auslöst, ist mit einer akuten Sinnlosigkeitsaura behaftet, und in der Tat war nach wie vor kein Sinn erkennbar, dem der irische Grundbesitz des Patienten diente, außer der materiellen Absicherung eines sowieso reichen Mannes.

Nun kann Sinn, wie Viktor E. Frankl nie müde wurde zu betonen, nicht gegeben werden – am allerwenigsten vom Therapeuten –, sondern nur gefunden werden – am allerbesten vom Patienten selbst. Der Therapeut hat bloß *Beistand bei der Sinnfindung* zu leisten. Einer von mehreren Wegen dazu ist die Hebung von geistig Unbewusstem. Geistig Unbewusstes ist nicht zu verwechseln mit triebhaft Unbewusstem (nach dem etwa die Psychoanalyse fahndet). Es ist vielmehr mit dem innersten Zentrum menschlichen Personseins zu identifizieren, aus dem heraus die Weissagung des Gewissens, die Opferbereitschaft der Liebe oder die Leidenschaft für das Künstlerisch-Ästhetische erwächst. Dieses Tiefenzentrum im Menschen „ahnt" die verborgenen Sinnmöglichkeiten eines jeden Lebensdetails und eines jeden Lebensabschnittes; es anzuzapfen, bedeutet, einen Menschen mit seiner ureigensten Bestimmung in Kontakt zu bringen. Das kann zum Beispiel geschehen über religiöse Exerzitien oder über Experimente zur „Erinnerung von geistig Unbewusstem".

Ich beschloss, ein solches zu wagen. „Heute möchte ich ein belastetes Thema ansprechen", eröffnete ich Herrn X, „und zwar Ihr Grundstück und Ihr Haus in Irland." Er seufzte. „Ach, im Sommer ist es dort sehr schön, und zum Golfspielen fliege ich bestimmt wieder hin." „Natürlich", sagte ich, „ist das ein Gesichtspunkt. Aber zum sommerlichen Golfspielen allein haben Sie das Anwesen nicht gekauft, nicht wahr?" Herr X schüttelte den Kopf und ein trauriger Zug ging durch sein Gesicht. „Nein", flüsterte er. „Ich möchte jetzt ein kleines Experiment mit Ihnen durchführen", weihte ich ihn in meine Absicht ein. „Setzen Sie sich bequem hin, schließen Sie die Augen und lassen Sie es ruhig in sich werden. Schalten Sie die Wachheit Ihres Verstandes ab und glätten Sie die Wogen Ihrer Emotionen. Tauchen Sie ein in die Stille, die Sie gleich umgeben wird, denn ich werde ein paar Minuten schweigen."

Als ich merkte, dass er genügend entspannt war, geleitete ich ihn gedanklich in die Zeit zurück, in der die Idee in ihm entstanden war, einen irischen Grundbesitz zu erwerben. Damals mochte es ein paar begnadete Augenblicke gegeben haben, in denen er von dieser Idee aufrichtig begeistert gewesen war, von der Überzeugung durchdrungen, dass sie gut war, und vom wohlwollenden Schicksal ergriffen, das ihm ihre Verwirklichung anbot. Ich bat ihn, sich jene Augenblicke ins Gedächtnis zu rufen. Als er so weit war, forderte ich ihn auf, die Szene zu beschreiben.

„Ich erinnere mich. Ich war total verschwitzt, Hemd und Hose klebten mir am Leib", rekonstruierte er jene Szene. „Und trotzdem war es nicht die Hitze von draußen, sondern eine innere Glut, die in mir brannte. Ich saß auf einer hölzernen Veranda, schaute in den Sand zu meinen Füßen und schaute durch ihn durch auf eine grüne, saftige Wiese in Irland." „Und dann?" „Dann hörte ich ... ein Kinderlachen."

Ein *Kinderlachen* als Schlüsselwort der Bergung einer Erinnerung aus dem geistig Unbewussten? Ich kehrte mit meinem Patienten in die Gegenwart zurück und ließ nicht ab von diesem Schlüsselwort. „Daran ist nichts Verwunderliches", erklärte er. „Ich war noch verheiratet, hoffte auf mehr Kindersegen und wollte eben, dass sich meine Söhne und Töchter auf unserem Gut in Irland zumindest zeitweise vergnügen können." „Sie meinen, Sie hörten in jenem besonderen Augenblick *Ihre* Kinder lachen?", erwiderte ich. Er überlegte. „Das kann ich nicht sagen. So denke ich im Nachhinein", antwortete er zögernd. „Welche Kinder sollten denn sonst dort lachen?" Welche Kinder sonst? Ich hielt den Atem an. Plötzlich schwebte diese Frage über uns im Raum. Welche Kinder?

Es war gerade die Zeit des Jugoslawienkrieges. Unter dem Eindruck der tragischen Bilder, die täglich das Fernsehen übermittelte, hörte ich mich antworten: „Nun ja, ich könnte mir schon Kinder vorstellen, die sich in Ihrem herrlichen irischen Paradies wohlfühlen und erholen können; die spielen und tollen und glücklich sind; die Kummer und Darben schier vergessen. Kinder aus den Elendsvierteln und Kriegsgebieten dieser Welt, angeschossene Kinder, vertriebene, halb verhungerte, vom Flüchtlingsstrom mitgerissene Kinder, die zu lachen verlernt haben, aber während eines mehrwöchigen Erholungsaufenthaltes in Irland wieder lachen lernen würden ..."

Irrte ich mich oder wurden die Augen von Herrn X tatsächlich nass? „O mein Gott", sprudelte es aus ihm heraus, „ich habe dieses Elend gesehen. In Afrika. Es spottet jeder Beschreibung. Kinder, die am Boden kriechen. Verkrüppelte Kinder. Kinder mit Fliegen auf ihren eitrigen Augen." Er saß versunken da, als wäre er unendlich weit weg. Es schien, als wäre in ihm eine Saite zum Klingen gekommen, die vielleicht immer schon da gewesen, aber nie berührt worden war. Schließlich straffte er sich. „Kinderlachen ... Ja, das wäre machbar. Ich kenne jemanden von der UNICEF, einen hohen Beamten, der mir bei der Finanzierung der Flüge helfen könnte. Die haben einen speziellen Etat für solche Zwecke. Und in Irland würde ich mich selbst um die Organisation kümmern." Ich spürte, dass auch sein altes Organisationstalent zu vibrieren begann, jenes Talent, mit dem er einst einen einträglichen Büromaschinenhandel aufgezogen hatte. „Sie bräuchten eine Menge Helfer in Irland", gab ich zu bedenken. „Die fände ich", versicherte er. „Viele Hausfrauen würden mir helfen, teilweise sogar unentgeltlich." „Sie bräuchten auch ausreichend Schlafplätze", bohrte ich weiter. „Das ist wahr. Aber das Haus ist geräumig und im Sommer könnten wir rundherum Zelte aufstellen. Die Kinder würden das lieben ... Und Ponys hätten wir genug zum Reiten. Das würde ihnen gefallen ..."

So kannte ich Herrn X gar nicht. Er holte einen Notizblock aus seiner Tasche und machte sich mit fliegenden Händen Notizen. Dann sprang er auf, als hätte er es eilig. Als ich sah, dass Herr X „mit seiner ureigensten Bestimmung in Kontakt gekommen war" und sich dementsprechende Zielpunkte in seiner Zukunft formierten, entließ ich ihn aus der Therapie und bat nur noch um eine gelegentliche Rückmeldung.

Sie kam ein halbes Jahr später telefonisch. Herr X rief vor einem Abflug nach England an. Er war glücklich. Er hatte mit dem Herausgeber eines bekannten Journals in London ein „Rendezvous" vereinbart, weil sich dieser für eine regelmäßige Mitarbeit von ihm als Interpret afrikanischer Angelegenheiten interessierte. Nach dem Rendezvous sollte es nach Irland weitergehen, wo „einiges zu regeln" sei. Beiläufig erwähnte er, dass es sein Sohn kaum erwarten könne, künftige Ferien bei ihm in Irland zu verbringen. „Er wird nicht das einzige Kind sein, das lacht!", tönte es durch den Hörer. Herr X war voller Optimismus und in einem „gesunden Eustress". Von seiner einstigen noogenen Depression war keine Spur mehr übrig geblieben – Zeichen für mich, den Wiedergenesenen nun ans Leben freizugeben.

Abschließende Reflexionen

Die von mir angewandten logotherapeutischen Methoden waren:

1. eine Reaktivierung verschütteter Sinnspuren (Suche nach Höhepunkten in der Vergangenheit),
2. ein „confronting approach" (Suche nach Konzentrationspunkten in der Gegenwart),
3. die Erinnerung von geistig Unbewusstem (Suche nach Zielpunkten in der Zukunft).

Alle drei förderten die Klärung des persönlichen Wertesystems des Patienten. Rekapitulieren wir dieses, wie es sich im Laufe der Behandlung herauskristallisiert hat: Er beschrieb die Freude über die

Geburt seines Sohnes, er beklagte die mangelhafte Afrika-Information in Europa, und er hatte in seinem Innersten vorwegnehmend ein Kinderlachen auf seinem irischen Grundbesitz gehört. Keiner dieser Werte war von mir gekommen. Ich hatte nur „wachgeküsst", was in ihm schlummerte. Eine gelungene Therapie beschenkt den Patienten, doch niemals mit Fremdem, das nicht seines wäre, sondern immer mit Eigenem, das ihm von höherer Instanz längst geschenkt worden ist. Werteklärung ist kein „Wertediktat"!

Man beachte ferner: Eine Behandlung, bei der Sinnüberprüfung und Sinnanreicherung eine Rolle spielen, hat mehr als die Ausbalancierung des seelischen Gleichgewichts eines Patienten zum Ziel. Heilung geschieht in Übereinstimmung zwischen Mensch und Welt, in der Ausbalancierung des von einem selbst Gekonnten mit dem in der Welt Gesollten.

Hinterfragen wir die Heilung des Patienten in diesem Fall auf jene Übereinstimmung zwischen ihm und der Welt. Er nahm seine Verantwortung als Vater wieder auf. Er begann freiwillig und unentgeltlich, seine Erfahrungen für die Weiterbildung eines Leserkreises zur Verfügung zu stellen. Er schmiedete Pläne, sein Gut in eine Erholungsstätte für bedürftige Kinder umzufunktionieren. Was Sinn für ihn war, war Sinn für den Sohn, für die Leser, für bedürftige Kinder. Seine Genesung fand in dem Maße statt, in dem die Wahrscheinlichkeit stieg, dass winzige, aber bedeutungsvolle Ausschnitte der Welt durch ihn „genesen" würden. Diesen Bezug herzustellen ist die besondere Stärke und Würde der Logotherapie.

In der traditionellen Psychotherapie wäre man freilich anders vorgegangen. Vermutlich wäre der Akzent therapeutischer Bemühungen auf die Aufdeckung des „Urtraumas" des Patienten im Verlassen-worden-Sein durch seine Mutter gelegt worden. Danach wäre die Parallelität dieses „Urtraumas" zu dem Verlassen-worden-Sein durch seine Frau herausgearbeitet und ihm ein heimlicher intensiver Groll gegen alle Frauen einge„deutet" worden. Schließlich wäre er ermächtigt worden, diesen unterdrückten und nie ausgelebten Groll auf die Therapeutin zu übertragen und ihr die angestaute Wut ins Gesicht zu schreien ... Ob das seine Depressionen gelindert hätte? Ich bezweifle es.

Logotherapeutische *Lebensklärung*, wie ich sie stattdessen bei meinem Patienten durchgeführt habe, ist Neuausrichtung des Lebens nach (trans)subjektiven Werten, die in der Hingabe an sie dieses Leben selbst mit Sinn und Werten begaben. Denn so, wie das Sein niemals Beute des Nichts werden kann, kann das wenigstens partiell sinnvoll gelebte Leben niemals Beute der Sinnlosigkeit werden. Es kann mitsamt seiner Schwere nicht vergebens gelebt worden sein.

„Wahren“ Trost findet man nur in der Nähe zur Wahrheit

Ein behindertes Kind

Ich hoffe, dass einige Anregungen aus dem geschilderten Fallbeispiel für Leser in analogen Umbruchsituationen von Nutzen sein werden. Ich kann mir allerdings auch kritische Leserstimmen vorstellen – Stimmen, die einwenden mögen, dass es leicht sei, das Leben mit neuen Sinngehalten zu füllen, wenn man gesund, tüchtig, im besten Alter und mit einem gepolsterten Bankkonto ausgestattet ist. Das hört sich plausibel an, und trotzdem ist es nicht so. Es gibt mehr unglückliche Menschen unter den Reichen als unter den Armen, unter den Berühmtheiten als unter den einfachen Leuten, in den Wohlstandsländern als in den Hungergebieten. Das ist traurig. Erfahrungsgemäß bekommt es dem Menschen nicht, wenn es ihm zu gut geht. Ich habe keine griffige Erklärung dafür, ich kann nur aus der Praxis bestätigen, dass die Mehrheit meiner neurotischen oder depressiven Patienten in Verhältnissen lebte, um die sie die Hälfte der Weltbevölkerung beneiden würde; was sich mit statistischen Erhebungen über Selbstmörder/innen deckt, die zu mehr als 70 % durchaus annehmbare Lebensvoraussetzungen besaßen, und dies nicht nur in materieller Hinsicht. Natürlich bleibt niemand von Tragödien verschont, auch die Wohlhabenden nicht, doch die Art und Weise, wie mit Tragödien umgegangen wird, verschlechtert sich offensichtlich mit jeder Stufe höheren Lebensstandards.

Es ist deswegen an der Zeit, ein paar psychologische Aspekte zum Umgang mit Tragödien einzuflechten. Tragödien belasten in erster Linie die Gefühle. Aber sie legen ihre düsteren Schleier auch über die Gedanken. Und da die Gefühle stets hinter den Gedanken „herzotteln“, verursachen diese düsteren kognitiven Schleier eine zusätzliche Finsternis in der emotionalen Seele. Nun kann der Mensch seine Gefühle nicht wesentlich steuern. Im Gegensatz dazu hat er zu seinen Gedanken einen gewissen Zugriff. Er kann sie zwar nicht völlig, doch weitgehend lenken, unter anderem in Richtungen, bei denen die düsteren Schleier zurückbleiben bzw. sich aufhellen. Was sind dies für Richtungen? Das ist hinreichend erforscht. Es sind Richtungen, bei denen die umherschweifenden Gedanken einmünden in wertorientierte Stellungnahmen, die besagte Tragödien erträglich, aushaltbar und manchmal sogar akzeptabel machen.

Großeltern saßen weinend bei mir – bei ihrem einjährigen Enkelsohn war eine gravierende Behinderung diagnostiziert worden. „Wie furchtbar für unsere Tochter!“, jammerten sie. „Sie wird ein Leben lang unter diesem Kind zu leiden haben.“ „Liebt sie das Kind?“, fragte ich nach. „Ja, schon ...“ „Wie schön!“, antwortete ich. „Ein behindertes Kind braucht besonders viel Liebe und Fürsorge, und wenn Sie als Großeltern Ihre Liebe zum Enkel dazutun, dann reicht es bestimmt für die optimale Entwicklung, die dieser Junge eben nehmen kann.“ „Der wird sich nie normal entwickeln, haben die Ärzte gesagt. Der kommt nicht mehr in Ordnung ...“, schluchzten die Großeltern. „In Ordnung?“ Ich griff diesen Ausdruck auf. „Wann ist ein Mensch in Ordnung? Nur solange er funktioniert? Wie lange werden Sie selbst noch in Ordnung sein, wenn Sie alt und vergesslich werden?“ Die beiden schwiegen betreten. „Als Person ist jeder Mensch heil und in Ordnung“, fuhr ich fort, „als Embryo, als Baby, als Gesunder, als Kranker, als Alter, als Behinderter – an seinem geistigen Personenkern ist kein Kratzer dran. Nichts kann beschädigt werden an dem Geist, der ‚uns eingehaucht ist‘. Nur der leibseelische Organismus, das Werkzeug und Ausdrucksinstrument der Person, ist störanfällig, und dies jederzeit. Der Organismus des Menschen ist wie ein Klavier: Es kann verstimmt sein, eine Saite kann gerissen sein, eine Taste kann klemmen oder gebrochen sein und so fort. Dann hat es der Pianist schwer, seine Melodien zu spielen, zu improvisieren, zu fantasieren, zu komponieren, sich musikalisch auszudrücken, nicht wahr? Aber glauben Sie, dass in diesem Fall der Pianist verstimmt, verklemmt, zerbrochen ist?“ Die Großeltern schüttelten den Kopf. „Natürlich nicht!“ „Sehen Sie“, erklärte ich ihnen, „Ihr Enkelkind ist sozusagen ein Pianist mit einem nicht ganz intakten Klavier. Aber Sie werden staunen: Er wird trotzdem allerhand Harmonien aus diesem Instrument herausholen, und es wird ihm umso besser gelingen, als er sich in seiner Familie angenommen und geborgen weiß. Im Übrigen ist auch ein perfekt gestimmtes Klavier keine Garantie dafür, dass jemand herrliche Klänge darauf hervorbringt ...“ Die Großeltern schmunzelten. „Nein, wirklich nicht! Sie haben recht. Auch ein Mensch mit einem gesunden Körper kann Misstöne produzieren ...“ Ihr Gejammer verstummte. „Das Bild mit dem Klavier gefällt mir“, meinte der Großpapa. „Ich habe nämlich auch ein Handikap. Ich höre schlecht und geniere mich, meinen Hörapparat zu tragen. Aber wenn ich denke, dass bloß eine Taste meines Instrumentes klemmt – na, dann verwende ich halt die anderen Tasten ...“

„Wenn Sie Ihrer Tochter helfen wollen“, nahm ich den Faden wieder auf, „dann zeigen Sie sich unbeeindruckt von der ärztlichen Prognose und gehen Sie ganz natürlich mit dem Kind um. Fördern Sie es, wo dies möglich ist, und liebkosen Sie es, wo es danach verlangt. Wenn Ihre Tochter an Ihrem Beispiel abliest, dass die Behinderung des Jungen kein Grund zu dessen Ablehnung, zu Entsetzen oder Zukunftsängsten ist, sondern eine Herausforderung, der man gemeinsam gewachsen sein wird, dann wird auch sie an innerem Frieden gewinnen.“ „Das machen wir!“, rief die Großmama und wirkte plötzlich geradezu tatendurstig. Mit einem letzten Tipp rundete ich unser Gespräch ab: „Bei negativen medizinischen Prognosen taucht schnell die Frage auf: ‚Wieso?‘, ‚Wieso ausgerechnet wir?‘, eine Frage, die uns niemand beantworten kann. Solche Fragen, die aus einem Kummer erwachsen und Zeichen geistiger Rebellion sind, müssen mit Vertrauen übergeben und mit Geduld zur Seite gelegt werden. *Übergeben*, weil es eine höhere Weisheit geben mag als die unsere, die alle Geschicke führt, sich aber menschlichem Begreifen entzieht. Und *zur Seite gelegt*, weil einem so manche Antwort zu einem viel späteren Zeitpunkt als dem gegenwärtigen doch noch irgendwie zuteilwird. In der Rückschau klärt sich mitunter, was in der Vorschau undurchdringlich war. Lassen Sie sich deswegen Zeit bei der Beurteilung der Sachlage. Wenn es eine übereinstimmende Aussage von Eltern mit behinderten Kindern gibt, dann ist es im Allgemeinen die, dass sie rückblickend gerade jene Kinder nie und nimmer missen möchten. Und das ist doch sehr tröstlich!"

Die Großeltern verließen mich mit einer neu erwachten Zuversicht und eilten zu ihrem kleinen „Pianisten" nach Hause.

Krisenpädagogik

Das kleine Beispiel mag verdeutlichen, wie sehr die Gefühle hinter den Gedanken herziehen. Der Gedanke „Unser Enkelsohn wird sich niemals normal entwickeln" ruft düstere Gefühle auf den Plan. Der Gedanke „Unser Enkelsohn ist eine heile, liebenswerte Person mit einem beeinträchtigten Organismus" hellt solche Gefühle wieder auf. Will man angesichts von erlebten Tragödien folglich nicht „den Boden unter den Füßen verlieren" und dekompensieren, also seelisch entgleisen, muss man mit seinen Gedanken abtasten, welche Sinn- und Wertperspektiven ein „Trotzdem Ja zum Leben" rechtfertigen könnten. Das sich abzeichnende „Gute jenseits des Schlechten" federt das „Schlechte" ab, das einen anderenfalls mit voller Wucht treffen würde.

Allerdings gibt es bei diesem Verfahren ein *oberstes Gebot*: Die zu eruierenden Sinn- und Wertperspektiven müssen möglichst nahe an der Wahrheit bleiben! Ansonsten erreicht man das pure Gegenteil, denn alles im Menschen wehrt sich dagegen, betrogen zu werden. Das Aufsetzen der rosa Brille, die Illusion des positiven

Denkens, das Sichvorgaukeln bunter Luftschlösser ist nie von nachhaltiger Wirkung. Die Seifenblasen zerplatzen im leisesten Windhauch. Nur schlichte Wahrheit und nichts als die Wahrheit kann tröstlich sein. Aber die Wahrheit ist eben vielschichtiger, als man mitten in einer Tragödie und umnebelt vom Gefühlschaos zunächst glaubt. So haben auch die genannten Großeltern erst die anthropologische Wahrheit entdecken müssen, dass eine organismische Behinderung den Wert und die Würde einer Person nicht antastet und dass „der Geist" nicht krank wird, selbst dann nicht, wenn sein Spiel- und Ausdrucksfeld eingeschränkt ist.

Um die Wichtigkeit dieses obersten Gebots hervorzuheben, möchte ich die Aussagen zweier hervorragender Wissenschaftler zum Thema „Krisenpädagogik" miteinander vergleichen und anhand von Parallelität und Divergenz beider Konzeptionen den „richtigen Trost im richtigen Moment" herausarbeiten.

Der Ausdruck „Krisenpädagogik" ist im Jahr 1992 von Bijan Amini, Professor an der Christian-Albrechts-Universität Kiel, in die Fachsprache eingeführt worden. Bijan Amini bezeichnete damit eine Subdisziplin der Erziehungswissenschaften mit konkretem Lebensbezug und definierte den neuen Ausdruck auf einem von ihm 1995 geleiteten Workshop folgendermaßen: „Krisenpädagogik ist die Kunst, Menschen antizipierend für den Sinn von Lebenskrisen zu sensibilisieren ... Es geht um den Umgang mit Lebenskrisen als Quellen pädagogischer Erfahrung und Sinnschöpfung."

Bijan Amini verwendete in seiner Definition das Wörtchen „Sinnschöpfung", und dies ist ein schillernder, zweischneidiger Begriff. Denn Schöpfung hat etwas mit dem Erschaffen zu tun, und „Sinnschöpfung" könnte deshalb Assoziationen zum „Erschaffen von Sinn" herstellen, also die Idee wecken, der Mensch könne und solle sich zum Schöpfer seines Sinns deklarieren. Er solle Sinn geben, aus- und zuteilen, hineinbefördern in die Situationen seines Lebens. Eine solche Vorstellung würde sich weitab bewegen von der Grundüberzeugung Viktor E. Frankls, dass Sinn nur gefunden, aber nicht erfunden, und nur entschlüsselt, aber nicht willkürlich gesetzt werden kann.

Andererseits könnte „Sinnschöpfung" auch, mit Frankl übereinstimmend, verstanden werden als Akt des Schöpfens vorfindlicher Strukturen, so wie man Wasser aus einer Quelle schöpft, ohne deshalb zuvor die Flüssigkeit in den Boden eingefüllt zu haben – „Sinnschöpfung" als das Aufgreifen vorhandener Sinnangebote seitens der Welt an den Menschen. In diesem Falle würde zwischen den Auffassungen beider Wissenschaftler Übereinstimmung herrschen.

Um zu klären, wie Bijan Amini das Wörtchen „Sinnschöpfung" in seiner Definition tatsächlich gemeint hat, möchte ich nachstehend eine von ihm kommentierte kasuistische Exemplifizierung seiner Thesen zur Überprüfung vorlegen. In seinem Workshop stellte er nämlich unter Verweis auf zwei authentische Berichte aus seinen in den Jahren 1990/1991 gehaltenen Seminaren sogenanntes „sinnloses Leiden" sogenanntem „sinnvollen Leiden" gegenüber. Beide Berichte sind hier auf das Wesentliche gekürzt.[9]

Verlustbericht I: „Sinnloses Leiden" (nach Amini)

Mein größter Kinderwunsch war ein Teddybär. Als ich vier Jahre alt war, schenkte mir eine Nachbarin, die in einer Spielzeugwerkstatt arbeitete, einen kleinen braunen Teddybär mit weißer Nase. Ich war überglücklich. Am Abend gab es Fliegeralarm. Wir mussten aus der Wohnung zum Bunker, der unter dem U-Bahn-Schacht lag. Ich nahm meinen Teddy in den Arm, dazu einen kleinen Koffer, den ich immer selbst zum Bunker tragen musste. Auf den Straßen und Treppen, die zum Bunker hinabführten, herrschte ein großes Gedränge. Endlich waren wir in dem Raum, den man uns zugewiesen hatte. Als mir meine Mutter den kleinen Koffer abnahm, bemerkte ich, dass der Teddy nicht mehr unter meinem Arm klemmte. Ich hatte ihn im Gewühl verloren. Ich wollte gleich zurück, um ihn zu suchen, aber es war nicht erlaubt, die Schutzräume vor der Entwarnung zu verlassen. Als endlich der Angriff vorüber war, ging ich mit meiner Mutter alle Wege ab, die wir gekommen waren. Wieder herrschte ein schreckliches Gedränge und es war völlig aussichtslos, meinen Teddy jemals wiederzufinden.

Ich war tagelang sehr unglücklich, verfluchte meine Unachtsamkeit, weinte über den Krieg und über alles. Ich habe nie wieder einen Teddy besessen und wollte auch keinen anderen als den verlorenen. Ich wagte nicht mehr, mein Herz an irgendetwas zu hängen, aus Furcht, es könnte mir wieder verloren gehen und ich müsste diese schmerzhafte Trauer und ohnmächtige Wut wieder empfinden.

Verlustbericht II: „Sinnvolles Leiden“ (nach Amini)

Als ich ungefähr fünf Jahre alt war, ging ich mit meiner Familie zum Pilzesammeln in den Wald. Tapsi, ein kleiner Bär, durfte mitkommen. Ich hatte meinen Kapuzenpulli angezogen, weil sich Tapsi in der vorderen Tasche besonders wohlfühlte. Nach einiger Zeit waren die Körbe voll und wir fanden uns alle zusammen, um unsere Ausbeute zu feiern. Aber zu meinem Entsetzen war Tapsi nicht mehr da, er war einfach nicht mehr in der Tasche.

Ich war untröstlich und weinte bitterlich. Alles geriet sichtlich in Aufruhr; man ahnte die Katastrophe. Die ganze Familie durchsuchte den Wald, doch von Tapsi war keine Spur zu sehen. Die Lage war ebenso ernst wie hoffnungslos.

Da fand ihn mein Bruder Michael plötzlich. Nicht den Tapsi, nein, sondern den Grund für sein Verschwinden. „Tapsi“, sagte er mit dem Ernst eines Botschafters, „hat beschlossen, von nun an im Wald zu bleiben und da auch zu wohnen.“ Verdutzt schauten wir alle Michael an, der nach einer kurzen Pause mit derselben Miene fortfuhr: „Tapsi hat beim Pilzesammeln Freunde gefunden, andere Teddys, mit denen er sich auf Anhieb bestens verstanden hat. Deshalb wäre er außerordentlich traurig, wenn wir ihn jetzt finden und von seinen Freunden trennen würden.“

Michaels Ernst und die überzeugende Sachlichkeit, mit der er diese Geschichte vortrug, klang mehr als glaubhaft. Da waren wir alle wie ver-

wandelt: Trauer und Ratlosigkeit verschwanden. Es stand fest oder lag vielmehr in der Luft: Wir mussten um Tapsi willen den Wald schleunigst verlassen. Ich hörte auf zu weinen, oder vielmehr mein Weinen stockte. Ich wollte nicht länger beharrlich bleiben. Ich begann nämlich, den Grund für Tapsis Verschwinden nicht nur zu verstehen, sondern mich sogar für Tapsis neues Glück zu freuen.

Michael rief entschlossen: „Was steht ihr da noch rum? Los, wir müssen hier weg, wir müssen nach Hause!" Das wirkte wie ein Kommando und setzte uns alle in Trab. Wir verließen den Wald. In der Nacht träumte ich von Tapsi. Er hatte nicht nur Freunde, sondern eine Familie gefunden, war Vater geworden. Ich sah, wie er in einer gemütlichen Waldhütte seinen Kindern lustige Geschichten erzählte.

Bijan Amini brachte den Kontrast zwischen den beiden Berichten folgendermaßen auf den Punkt: „Im Gegensatz zur ersten Geschichte ist es dem geborenen Krisenpädagogen Michael in der zweiten Geschichte gelungen, dem Verlust einen Sinn abzugewinnen und so die Krise für das Kind annehmbar zu machen."

Fachlicher Diskurs

Die Erzählungen gehen zu Herzen. Wer würde nicht mit den beiden Kindern mitfühlen und wer würde nicht ähnliche Verlusterlebnisse aus eigener Erfahrung kennen? Untersuchen wir jedoch die „Lösung" aus dem zweiten Bericht, das von Amini hervorgehobene Mittel der Verwandlung von sogenanntem „sinnlosen" in sogenanntes „sinnvolles Leiden", dann müssen wir sagen: Hier ist „Sinnschöpfung" im Sinne des Erschaffens am Werk. Ein Sinnkonstrukt, vom Bruder Michael geschickt ausgedacht, gewiss auch wirksam für eine Fünfjährige, der das Fantasiegebilde glaubhaft erscheint, und dennoch – erfundener Sinn. Keine Schöpfung aus der Quelle der Wahrheit.

Man mag dagegen einwenden, dass gut ist, was hilft. Selbstverständlich. Die fachlichen Überlegungen, die wir hier einbringen, gelten eher Grundlegendem als Speziellem. Und immer kann das Spezielle berechtigterweise vom Grundlegenden abweichen. Michaels Idee war genial und fruchtbar; an anderem Platze wäre sie unübertragbar. Einer Mutter etwa, deren Kind gestorben ist, dürfte man sich nicht einfach mit dem Argument nähern, ihr Kind habe Freunde im Himmel gefunden, Engelchen, mit denen es vergnügt spielt ...

Was aber sonst? Bijan Aminis Anliegen einer „Krisenpädagogik" ist es wert, sorgsam aufgegriffen und überdacht zu werden – obwohl es nicht so neu ist wie der Fachausdruck selbst. Zum Beispiel hat Viktor E. Frankl schon in den späten 1940er-Jahren die Bedeutung einer „Krisenprävention" im Auge gehabt. In seinem Buch „Homo patiens", das auf Vorlesungen aus den Jahren 1949/1950 zurückgeht und dessen Inhalt später Eingang fand in sein Werk „Der leidende Mensch", erwähnte er explizit die Aufgabe ärztlichen Handelns, „Leiden auch zu verhüten". Er schrieb im Zusammenhang mit der Fallschilderung eines jungen Mannes, der, vom Todesgedanken erschüttert, depressiv wird und sich daraufhin in Arbeit flüchtet:

... denn es könnte eines Tages sehr leicht geschehen, dass dieser junge Mann einmal weniger Arbeit hat oder gar arbeitslos wird. Damit zugleich würde er aber auch haltlos werden, ohne geistigen Halt sein. Dem aber gilt es vorzubeugen, auch von unserer ärztlichen Seite – da es mit zu den Aufgaben ärztlichen Handelns gehört, Leiden zu verhüten.

... wir ließen ihm keine Ruhe, wir ließen ihm nicht die Scheinruhe metaphysischen Leichtsinns (Max Scheler). Und wir hätten diesen Patienten auch nicht in Ruhe lassen dürfen, solange er nicht den Sinn seiner Existenz gefunden und damit zu sich selbst. Ist es doch vielleicht der Leitsatz und Wahlspruch aller Psychotherapie, dieses „Ich lasse dich nicht, du seiest denn du selbst geworden".[10]

Der zweite Teil der Textstelle von Viktor E. Frankl ist interessant, doch betrachten wir zunächst die gemeinsamen Erkenntnisse beider Wissenschaftler. Sie besagen, dass Krisenpädagogik bzw. Krisenprävention nicht selten *aufgrund einer bereits eingetretenen Krise* geschieht, und zwar in Bezug auf spätere Krisen. Offenbar kann am besten während einer Krise für zukünftige Krisen gelernt werden und nicht vorher, solange noch alles glattläuft. Bei Bijan Amini lernt die Fünfjährige, auf Tapsi zu verzichten, „um Tapsi willen". Bei Viktor E. Frankl lernt der junge Mann seine Existenz trotz ihrer Endlichkeit zu bejahen. Beide Personen werden von ihrem Lerngewinn profitieren, sobald sie (wieder) mit schlimmen Schicksalsfügungen konfrontiert sind. Glückende pädagogisch-präventive Arbeit setzt demnach geradezu ein Unglück voraus, aus dem der Mensch (mithilfe seiner Lehrer, Vorbilder oder aus eigener Kraft) „aufersteht". Eine bereits eingetretene Krise bewirkt eine Sensibilisierung, allerdings nicht immer eine vitalisierende, sondern mitunter auch eine blockierende.

Anscheinend geht kaum jemand aus einer ernsten Krise als derselbe hervor, der er vorher gewesen ist. *Krisen sind Quellen von Veränderung.* Doch kann Unterschiedliches aus ihnen hervorquellen. Entweder die (tiefenpsychologisch akribisch untersuchte) „traumatische Erfahrung" mit der Folge, dass normales Leben künftig schlechter bewältigt wird, oder die von Amini und Frankl so erfolgreich untersuchte „pädagogische Erfahrung" mit der Folge, dass spätere Krisen besser bewältigt werden. Umreißen wir dieses Entweder-oder genauer:

Die durch eine Krise hervorgerufene *blockierende* Sensibilisierung bewirkt eine Überreaktionsneigung in Form von „Dünnhäutigkeit" (Vulnerabilität), erhöhter Angstbereitschaft (Entwicklung pathogener Vermeidungsstrategien), Konfliktprovokation (inadäquater Aggressivität) und schließlich Neurotisierung. Klar angedeutet wurde diese Entwicklung im ersten Verlustbericht (nach Amini), in dem es hieß: „Ich wagte nicht mehr, mein Herz an irgendetwas zu hängen, aus Furcht, es könnte mir wieder verloren gehen und ich müsste diese schmerzhafte Trauer und ohnmächtige Wut wieder empfinden." Eine solch bleibende Bindungsschwäche als Krisenresultat zeugt von besagter „Dünnhäutigkeit" und Angstbereitschaft und führt unausweichlich zu Konflikten im zwischenmenschlichen Bereich, zumal die „ohnmächtige Wut" des Kindes im Erwachsenenalter bei unpassenden Gelegenheiten leicht wieder erwachen kann.

Die durch eine Krise erzeugte *vitalisierende* Sensibilisierung bewirkt im Unterschied dazu den Erwerb der Fähigkeit, Sinnpotenziale aus einer Problemsituation „herauszufiltern" und aufzugreifen, mit dem Nebeneffekt wachsender Frustrationstoleranz und eigener Stabilisierung. So heißt es in der Fallbeschreibung des jungen Mannes, dem Frankl nicht „die Scheinruhe metaphysischen Leichtsinns gelassen hat", am Schluss, es sei „im Durchlotsen durch die aufgebrochene geistige Not" gelungen, den Patienten „aus seiner Krankheit heraus zu seiner Wahrheit zu führen"[11]. Zu seiner Wahrheit – ein synonymer Ausdruck für eine tiefe metaphysische Geborgenheit.

Ob es also aufgrund einer Krise zu einer vitalisierenden oder zu einer blockierenden Sensibilisierung kommt, hängt von der stattgefundenen oder versäumten Verknüpfung der Krise mit Sinn ab. Darüber waren sich beide Wissenschaftler einig. Allerdings: mit welchem Sinn? Hier wechseln wir von den Gemeinsamkeiten zu den Differenzen. Bei Bijan Amini reicht ein fantasievoll ausgedachter Sinn von Lebenskrisen. Bei Viktor E. Frankl ist es ein aus der Wahrheit abgelesener denkbarer Sinn der eigenen Existenz auch noch in und trotz Lebenskrisen.

Man kann nur alle Katastrophenhelfer, Psychologen und Theologen davor warnen, sich für ihre Klienten einen „Sinn für deren Leiden" auszudenken. Denn der Sinn des Leidens ist von uns Menschen unerfassbar und unerforschbar, und wer dies leugnet, betrügt sich selbst. Wenn ein unschuldiges Kind auf dem Fußweg von einem betrunkenen Motorradfahrer überrollt und getötet wird, wenn junge Skifahrer in den Bergen von einer Lawine begraben in den Schneemassen ersticken, wenn der Sekundenherztod einer Familie den Vater entreißt oder wenn eine politische Tragödie einen Flüchtlingsstrom in Bewegung setzt, so ist in alledem absolut kein Sinn zu sehen. Im Gegenteil: Das Weiterleben und die ungehinderte Entfaltung der genannten Personen erschiene uns um Äonen sinnvoller. Wenn also „Leiden" mit „Krise" verquickt wird, wie es Bijan Amini mit seinen zwei Verlustberichten getan hat, ist Selbstbeschränkung in Bezug auf Sinn-Deutungsversuche angesagt. Ich zitiere Frankl:

Ist der Sinn des Leidens deutbar? Wir schlittern hier in die Problematik einer Pathodizee hinein, die wir an Stelle der Theodizee anpeilen, und zwar, weil die Theodizee zum Scheitern verurteilt ist; denn wenn sie argumentiert, das Leiden sei notwendig, um den Menschen zu läutern, oder aber, das Übel sei von Gott zugelassen, um dem Guten nur umso mehr zu einer Kontrastwirksamkeit zu verhelfen usf., dann lässt sich angesichts solcher Argumentation immer noch weiter fragen, immer noch zurückgehen hinter all die genannten Argumente oder Gründe und Motive, so zwar, dass man fragt: Ja, hätte Gott, der Allmächtige, den Menschen nicht auch so schaffen können, dass er, der Mensch, eine Läuterung durchs Leiden gar nicht erst benötigen würde, und hätte er nicht auch eine Welt schaffen können, die der Kontrastwirkung gar nicht erst bedürfe?

Die einzige dem Menschen angemessene Haltung angesichts der Problematik einer Patho- oder gar der Theodizee ist die Einstellung des Hiob: der sich vor dem Geheimnis beugte – und, darüber hinaus, die Haltung des Sokrates, der zwar zu wissen vorgab, aber nur: dass er nichts weiß.[12]

Ich wiederhole: Die Antworten beider Wissenschaftler auf die Frage „Verknüpfung der Krise – mit welchem Sinn?" stehen einander gegenüber. Bei Amini ist es die Verknüpfung mit einem Sinn von Lebenskrisen, was Deutungen notwendig macht und die Gefahr problematischer Missdeutungen von Leidenszuständen in sich birgt (Gott hat ein Kind sterben lassen, weil er noch ein Englein in seiner Heerschar gebraucht hat, und Ähnliches). Bei Frankl ist es die Verknüpfung mit dem Sinn der eigenen Existenz auch noch in und trotz Lebenskrisen, vor deren „Geheimnis" man sich in Demut beugt. Das fordert die Beschäftigung mit anthropologischen und philosophischen Themen, die den Menschen dichter an die „Wahrheit" heranführen sollen. Zumindest an eine „Schicht" der vielschichtigen Wahrheit, die ihm eine Sinnperspektive eröffnet, derer er vielleicht noch nie ansichtig gewesen ist.

Wie sieht dies in der Praxis aus? Nehmen wir uns den Verlustbericht „sinnloses Leiden" aus Bijan Aminis Seminar noch einmal vor und suchen wir für das heute erwachsene Kind nach dem Sinn seiner Existenz, die überschattet worden ist durch den einstigen Verlust des geliebten Teddybären. Geht es auch ohne erfundene Teddyfreunde im Bunker oder sonstige Beschwichtigungen? Gibt es eine denkbar *wahrheitsnahe* Sinnperspektive?

Hier mein Vorschlag:

Es war Krieg. Spielzeug war rar. Nur in wenigen Spielzeugwerkstätten wurde noch gearbeitet. Es gab viel mehr Kinder als hübsche Teddybären. Deshalb hatte jeder Teddybär den „Auftrag", mehrere Kinder zu erfreuen, nicht bloß eines allein.

Nachdem der Teddybär im Gedränge des Fliegeralarms verloren gegangen war, ist er mit höchster Wahrscheinlichkeit von jemand anderem gefunden und aufgehoben worden – von einem anderen Kind oder dessen Angehörigen. So ein süßes Ding mit weißer Stupsnase konnte nicht lange auf der Straße liegen bleiben. Vielleicht war sein Gefundenwerden „die" Sternstunde für das zweite Kind, ein unverhofftes Geschenk, ihm „vom Himmel in den Schoß gefallen".

Also machte der Teddybär ein zweites Kind glücklich, und eines Tages wurde er vielleicht nochmals weitergereicht, um wieder andere Kinderaugen zum Leuchten zu bringen. Er erfüllte seinen Auftrag – jedoch mithilfe derjenigen Menschen, die ihn schweren Herzens verabschieden mussten, um ihn jeweils einem neuen Besitzer zu gönnen ...

Nun, ist es wahr, dass wir in einer Welt leben, in der kostbare Güter Freude bereiten, aber auch geteilt werden müssen, weil sie nicht für alle reichen? Und, dass es menschliche Existenz mit Sinn begabt, gerade dort in Güte zu teilen, wo ringsum Armut und Elend herrschen? Freilich, das *Kind* wollte seinen Teddybär mit niemandem teilen, aber die *Frau*, zu der es heute geworden ist, könnte immer noch rückwirkend ihr Einverständnis zum Weiterreichen des Spielzeugs gewähren. Sie könnte ihren geliebten Teddy imaginativ mit den besten Wünschen in die Hände des einstigen Finders legen. Alle schmerzhafte Trauer und ohnmächtige Wut, die in den dunklen Ecken ihres gegenwärtigen Lebens sprungbereit lauern, würden mit einem Male von ihr weichen. Mehr noch: Loslassung und Verabschiedung wären auch in Zukunft kein Problem mehr für sie. Sie dürfte sich jederzeit wieder binden im Vertrauen darauf, dass, wenn nötig, auch Ent-Bindungen sie nicht aus der Bahn werfen ... Sie wäre erstarkt aus der alten Kindheitskrise hervorgegangen.

Deshalb schlage ich als Resümee des fachlichen Diskurses eine logotherapeutische Ergänzung zum krisenpädagogischen Entwurf von Bijan Amini vor: Die Verknüpfung der Krise mit Sinn bedarf einer Nähe zur Wahrheit. Wahrheit aber lässt sich nicht erschaffen, sondern nur aus vorfindlichen Quellen schöpfen, weshalb „Sinnschöpfung" niemals eine sein kann, bei der der Mensch Schöpfer ist.

Der Mensch muss sich selbst im Bilde eines Wesens verstehen, das aus Zufließendem schöpft und sich im Übrigen vor dem Geheimnis beugt.

Er darf sich jedoch auch im Bilde eines Wesens verstehen, dessen Daseins-Sinn krisenunabhängig – und das heißt: bedingungslos – verbürgt ist.

Ursachen der Krankwerdung – Gründe zur Gesundwerdung

Berufsethische Leitlinien

Es gibt viele Methoden, die in der professionellen Krisenprävention und Krisenintervention zur Anwendung gelangen können. Daneben gibt es aber auch so etwas wie berufsethische Leitlinien, die ich mit folgenden drei Überschriften versehen möchte:

1. Normalisieren statt psychologisieren!
2. Hilfe zur Selbsthilfe anbieten!
3. Verantwortung nicht abnehmen!

Punkt 1 klingt zugegebenermaßen ein wenig provokant, zumal aus dem Munde einer Psychologin. Doch hat mich meine lange Erfahrung, unter anderem mit „therapiegeschädigten Menschen", gelehrt, dass psychologische Gespräche nicht dazu da sind, alte Wunden wieder aufzureißen, die dann zu bluten beginnen und den aktuellen Schmerz bloß vermehren. Es ist ein Kardinalfehler allzu eifrig tief schürfender Therapeuten, die Defizite der Vergangenheit ans Licht des Bewusstseins zu zerren, um daraus das Misslingen der Gegenwart abzuleiten. Schon das Selbstverständnis eines Menschen, seelisch krank zu sein, hält ihn in seiner Krankheit fest, und eine langatmige Entschlüsselung seines neurotischen Werdeganges lähmt erst recht seinen Widerstand gegen die Neurose. Hypothesen und Analysen von Krisenentstehungen sind eher unfruchtbar. Unvergleichlich produktiver ist es, das Gelungene eines Lebens, das Positive und Wertvolle einer menschlichen Existenz, therapeutisch aufzubereiten. Alte Narben zum Beispiel bilden unter Umständen ein dickes, reißfestes Gewebe, sowohl in der Haut als auch in der

Seele. Gegenwärtige Schmerzen können Appellcharakter haben, indem sie eindringlich mahnen, etwas zu unternehmen, zu verändern, in Ordnung zu bringen. Das Prinzip Hoffnung entfaltet seine heilsamen Wirkstoffe, sobald es in fachlich vertretbarem Rahmen genährt (und nicht abgewürgt) wird. Stabilisierung hat Vorrang vor analytischen Spekulationen.

Wer psychisch angeschlagenen Menschen helfen will, muss sie zur Selbsthilfe ermutigen. Bleiben wir noch bei der Parallelität von seelischen mit leiblichen Wunden und fragen: Wer veranlasst denn, dass sich eine Wunde schließt? Der Arzt? Sicher nicht. Er kann die Wunde mit Salben und Verbandszeug behandeln, aber heilen muss sie ganz von allein. Das heißt, die Selbstheilkräfte des Körpers sind für den Heilungsprozess zuständig. Die moderne Medizin gelangt immer mehr zu der Einsicht, dass es erfolgversprechender ist, das natürliche, körpereigene Immunsystem zu unterstützen, statt über künstliche, chemische Eingriffe von außen „den Teufel mit dem Beelzebub auszutreiben".

Dementsprechend gilt es auch im seelischen Bereich, nicht nur nach psychischen Ursachen für Krankheitsausbrüche Ausschau zu halten, sondern vor allem nach geistigen Selbstheilkräften im Menschen, die solchen Ausbrüchen durchaus gewachsen sind, wenn nicht sogar sie zu verhindern vermögen. Eine wirklich weise Psychotherapie konzentriert sich darauf, jene geistigen Selbstheilkräfte im Menschen zu sondieren und konsequent zu fördern, damit sich Wunden schließen, deren Verursachung nun einmal nicht mehr rückgängig zu machen ist, wie sehr man auch darüber nachgrübeln mag. Die niedrige Rückfallquote in der Logotherapie hängt zweifellos damit zusammen, dass ihre spezifischen Methoden allesamt vom Wunsch geprägt sind, Hilfe zur Selbsthilfe anzubieten und zu diesem Zwecke das geistige Gesundungspotenzial der Patienten anzuzapfen.

Im Mittelpunkt dieses Bemühens steht das Bewusstsein der Eigenverantwortlichkeit des Patienten, das geschärft werden soll und nicht verdeckt werden darf. Abgesehen von psychotischen, debilen und ähnlichen Zustandsbildern, bei denen das Zentralnervensystem extrem stark geschädigt ist, besitzt auch der seelisch Kranke eine gewisse Freiheit, mit seiner Krankheit auf eine Art seiner Wahl umzugehen. Er kann sie als Ausrede für alle möglichen Gelegenheiten benützen. Er kann sie zu einem Druckmittel für seine Mitmenschen umfunktionieren. Er kann es sich einfach machen und behaupten, dass er zu diesem und jenem nicht fähig sei, weil ihn die Eltern falsch erzogen hätten, und dergleichen mehr. Leider ist gerade der neurotische Charakter in dieser Hinsicht verleitbar. Er kann sich aber auch über seine psychischen Schwächen erheben, auf geistigen Flügeln der ihn hinabziehenden Schwere entrinnen.

Hier hat nun die Weisheit psychologischer Betreuung einzusetzen und zur bestmöglichen Gestaltung des jeweiligen Freiraums eines Patienten aufzurufen. Der Mensch ist so abhängig, wie er sich fühlt, und so frei, wie er über sich selbst zu stehen gewillt ist – *das* ist der Wegweiser, der aus neurotischen Verklemmungen herausführt. Wo Freiheit ist, ist Verantwortung, und wo ein Leben menschenwürdig sein soll, dort muss es ausgerichtet werden auf einen zu erfüllenden Sinn. Aufgabe der Psychotherapie ist es daher nicht, die Selbstbeobachtung und Selbstbemitleidung eines Kranken zu intensivieren oder gar durch eine Überdosierung des Therapieangebots neue Abhängigkeiten zu schaffen, sondern ein Medium zur Wiederherstellung von Verantwortlichkeit und Menschenwürde zu sein, auf dass der Kranke dessen gewahr wird, *wofür und wozu er überhaupt gesund werden will.* Wenn er dies nämlich klar und deutlich weiß, dann wächst er über vergangene Rückschläge hinaus in eine Zukunft hinein, die ihm sein gegenwärtiges Ringen lohnen wird. Dann ist er – egal, welche Umwege er beschritten haben mag – wieder „auf seinem Weg“ ...

Das alte „Zwei-Kreise-Schema“

Ende des vorigen Jahrhunderts hat sich ein Diagnoseschema in der Fachwelt etabliert, das inzwischen wieder zurückgefahren werden muss, weil es zweifelsfrei zu engstirnig gedacht war. Leider geistert es aber immer noch durch die Köpfe mancher Professionalisten, weswegen ihm hier eine deutliche Absage erteilt sei. Das Schema war in zwei Kreise aufgeteilt, von denen der größere den kleineren umschloss. Im Feld des inneren, kleinen Kreises stand der Patient, Klient, Ratsuchende, auch „Symptomträger“ genannt, und im Feld des ihn umschließenden Außenkreisringes stand dessen Familien- und Herkunftsmilieu, auch als „Symptomverursacher“ bezeichnet. Gelegentlich wurde das weitere sozialpolitische Außenklima des Betreffenden in den Kreisring miteinbezogen. Die Diagnostik sah dann folgendermaßen aus: Der Klient in der Mitte des Schemas erhielt etwa die Diagnose „emotionale Retardierung“ und als Pendant dazu leuchtete im umliegenden Kreisring die Diagnose „pathologische Mutter-Kind-Symbiose“ auf. Oder der Klient in der Mitte des Schemas wurde mit der Diagnose „Angststörung“ versehen, wonach sogleich im umliegenden Kreisring die Diagnose „Überforderung durch Schulstress“ und Ähnliches zu lesen war.

Durch diese Doppeldiagnostik entstand ein Gefühl der Unmündigkeit im Kreiszentrum und ein Gefühl der Unsicherheit im Umgebungsfeld; oder noch krasser ausgedrückt: eine Klientel, die sich ständig auf (eigenes Versagen abdeckende) psychologische „Ausreden“ berief, und eine Eltern- bzw. Lehrerschaft mit der psychologisch induzierten ständigen Idee eigenen Gescheitertseins. Wie beide dann miteinander auskamen, ist leicht zu erraten, nämlich schlecht, und das hat sich bis heute nicht wesentlich geändert.

Wiederholt bin ich gebeten worden, auf Tagungen zu sprechen, und nicht selten hat man mich zu einer Fachtagung für Suchtprobleme mit den Worten eingeladen: „Bitte kommen Sie ... es soll der

Familie jener üble Makel der Suchtverursacherin genommen werden, der ihr unweigerlich anhängt ..." Auf der Tagung pflegte ich darauf zu antworten: „Jawohl, dieser Makel soll ihr tatsächlich genommen werden, aber nicht nur im Interesse der Familienangehörigen, die es kränkt, sondern vor allem im ureigenen Interesse der Süchtigen selbst." Denn wenn wir insbesondere jungen, heranwachsenden Menschen suggerieren, ihre Handlungen würden durch dies und das, von dem und jenem „verursacht", dann halten wir ihnen ein marionettenhaftes Selbstbild vor Augen, ihnen, die sich gerade im Stadium der Selbstsuche und Identitätsreifung befinden und daher besonders empfänglich dafür sind. Wir impfen ihnen die Vorstellung ein, sie seien wehrlose Opfer ihrer Kindheitserfahrungen, Opfer, die nichts richtig oder falsch machen können, weil sie bereits richtig oder falsch „gemacht" worden sind, in concreto: mehr falsch als richtig. Was wir ihnen dabei vorenthalten, ist die Fähigkeit des Menschen, etwas selbst zu wollen und sich seinem Willen gemäß zu entscheiden.

Womit wir bei der „Gretchenfrage" angelangt sind, die lautet: „Können wir Menschen überhaupt etwas wollen? Sind wir freien Willens?"

Der Mann (und ebenso die Frau) auf der Straße würden diese Frage ohne Zögern bejahen. Aber die Philosophen und die Wissenschaftler haben von jeher ihre Schwierigkeiten damit. Willensphänomene sind nämlich, wenn sie „echt" (also frei) sind, nie zur Gänze ableitbar aus irgendwelchen ursächlichen Geschehnissen, sie sind weder determiniert noch programmierbar, also weder im Nachhinein vollends zu erklären noch im Vorhinein vollends kalkulierbar. Sie sind und bleiben „unerklärlich", und dies missfällt nüchternen Verhaltensforschern natürlich. Dennoch meldeten sich auch unter ihnen schon verhältnismäßig bald Stimmen (allen voran Viktor E. Frankl), die zu bedenken gaben, dass der Mensch Anteil an einer geistigen Dimension hat, die wie alles Geistige keinen rein kausalen Gesetzmäßigkeiten unterliegt wie die Materie.

Albert Görres, Altvater der Medizinischen Psychologie und Psychosomatik (Technische Universität München), zum Beispiel schrieb bereits in den 1980er-Jahren: „Das Böse ist beim Einzelnen das, was er für Unrecht hält, es ist das, was sein Gewissen ihm verbietet; dies aber genau dann und nur dann, wenn er es auch lassen könnte." Und er setzte hinzu: „Der Mangel einer allzu glatten Psychologie ist, dass sie immer funktioniert. Sie versteht und erklärt, warum sich einer so verhält, wie er sich verhält. Aber wenn er das unterlassen hätte, was er getan hat, wäre eben auch sein Unterlassen zu verstehen und zu erklären ..."[13] Wir sehen, die Möglichkeit, dass jemand sich so verhalten *wollte*, wie er sich verhielt, obwohl er anders *konnte* und obwohl seine Rahmenbedingungen vielleicht etwas ganz anderes erwarten ließen, ist der „glatten Psychologie" fremd, ich möchte sogar behaupten, ein Dorn im Auge.

Ein gutes Beispiel dafür bietet der in der Psychologie und Pädagogik häufig verwendete Ausspruch „Er (oder sie) hat es nicht geschafft". Ein Kind, das nur mit der halben Hausaufgabe in die Schule kommt, hat die zweite Hälfte der Hausaufgabe „nicht geschafft". Diese Deutung kann stimmen, in dem Fall nämlich, dass das Kind seine Hausaufgabe hat vollenden wollen, aber körperlich oder mental dazu nicht in der Lage gewesen ist. Was jedoch ist, wenn das Kind kein Interesse daran gehabt hat, seine Hausaufgabe fertigzuschreiben, weil es das Fernsehprogramm am Nachmittag bevorzugt hat? Jetzt kommen wir ins Gestrüpp psychologischer Interpretationen. Das Kind hat es „nicht geschafft", dem Fernsehprogramm zu widerstehen, weil das Fernsehen für es eine wichtige Ersatzbefriedigung für mangelnde elterliche Zuwendung darstellt. Diese Hypothese mag noch angehen, was jedoch ist, wenn das Kind in einem liebevoll zugewandten Elternhaus aufwächst und trotzdem lieber fernsieht als Hausaufgaben macht? Nun ja, dann „schafft" es seine Hausaufgabe deswegen „nicht", weil ihm die Eltern in ihrer liebevollen Zugewandtheit kein konsequentes Durchhalten bei der Arbeit beigebracht haben. Das Frage- und Antwortspiel lässt sich in zahlreichen Varianten fortführen, nur eines bleibt als unantastbare Prämisse bestehen: Das Kind hat seine Hausaufgabe „nicht geschafft" – im Klartext: Es *konnte* sie nicht vollenden. Die simple Möglichkeit, dass es die Aufgabe bestens hätte erledigen können, aber keine Lust dazu verspürt hat, einfach faul war, einfach nicht *wollte*, fällt unter den psychologischen Tisch.

Dabei weist die seit den 1970er-Jahren im großen Stil angelaufene Langzeitforschung der Prognostizierbarkeit seelischer Eigenarten und Störungen aufgrund vorgegebener Lebensumstände in eine völlig andere Richtung. Bereits Joest Martinius, der erste Münchner Ordinarius für Kinder- und Jugendpsychiatrie, sagte in seiner Antrittsvorlesung 1985 wortwörtlich:[14] „Alle systemischen Ansätze wie die psychoanalytische Theorie, die Lern- und Reifungstheorien können die Entwicklung der Persönlichkeit eines Menschen nicht vorhersagen. Sie kommen zwar retrospektiv zu gewissen Vermutungen, die sich im Rückblick aber nicht mehr wissenschaftlich überprüfen lassen. Es ist einfach ein Rätsel, warum manche Kinder, die unter idealen Bedingungen aufwachsen, sich alles andere als optimal entwickeln, und warum im Kontrast dazu nicht wenige, die unter Risiken zur Welt kommen und unter größten Belastungen leben, dies alles erstaunlich gut überstehen." Joest Martinius ging darauf ein, dass neben der Umwelt die „kindeigenen Gegebenheiten" wesentliche Schlüsselfaktoren der Entwicklung seien, was er in dem Satz zum Ausdruck brachte: „Das Kind entscheidet selbst über seine psychische Entwicklung mit." Zweifellos ein Satz, der die psychologisch induzierte ständige Idee eigenen Gescheitertseins bei der Eltern- und Lehrerschaft wieder etwas korrigiert.

Doch nicht nur in Deutschland, sondern auch in den USA kamen Langzeitstudien zu ähnlichen Ergebnissen, wie sie etwa die Arbeitsgruppe um Lawrence Kohlberg von der Harvard University ermittelt hat. Demzufolge ist es vollkommen ausgeschlossen, bereits bei Kindern abzuschätzen, wer von ihnen als Erwachsener seelisch erkranken wird: „Selbst spektakuläre Einzelbelastungen wie früher Mutterverlust, krasses elterliches Fehlverhalten oder Trennung und Scheidung der Eltern besitzen praktisch keine prognostische Bedeutung für die seelische Entwicklung des Kindes in seinem späteren Leben."[15]

Die „Gretchenfrage"

Was bedeutet dies alles im Hinblick auf unsere „Gretchenfrage"? Nun: Was bei der menschlichen Persönlichkeitsentwicklung genetisch wie familiär in Gang gesetzt werden kann, sind Neigungen, Veranlagungen, Risiken und Chancen in einer bestimmten Richtung. Angeborene Charakterdispositionen werden bei der Zeugung mitgeerbt. Erworbene Emotionalreaktionen und eintrainierte Verhaltensmuster werden über gesellschaftliche Konditionierungsprozesse angestoßen. Ob allerdings solchen angeborenen Charakterneigungen nachgegeben oder Widerstand geleistet wird, ob reaktiv auftretende Emotionen über die Vernunft siegen dürfen oder nicht und ob schließlich eingelernte Verhaltensmuster beibehalten oder wieder abgelegt werden, das bestimmen die Herkunftsursachen nicht, das bestimmt der Mensch allein, genauer gesagt: sein Wille, und noch genauer gesagt, sein ureigenster Beweggrund, das eine oder andere zu wollen.

Wenn wir diesem Gedankengang bis hierher gefolgt sind, dann gelangen wir, seelische Störungen betreffend, zu einer profunden Einsicht, die sich in dem Kernsatz fassen lässt: *Die (Beweg-)Gründe zur Gesundwerdung, um die ein Mensch weiß, entscheiden im Letzten darüber, was die Ursachen einer Krankwerdung bei ihm bewirken können.*

Ich möchte all jenen, die sich in irgendwelchen Schwierigkeiten selbst helfen wollen, dringend ans Herz legen, den obigen Kernsatz zu beherzigen. Ich empfehle ihnen, an erster Stelle zu klären, was ihre eigenen Beweggründe sind, gesund zu werden. Denn nicht einmal im medizinischen Bereich ist die Erforschung von Krankheitsursachen immer nützlich. Man stelle sich vor, jemand leide an einem entzündeten Blinddarm. Der Pointe halber nehmen wir an, sein behandelnder Arzt lege großen Wert auf die Ursachenforschung. Er gehe von der (berechtigten?) Annahme aus, dass ein größerer Essensbrocken im Blinddarm stecken geblieben sei, was zur Entzündung geführt habe. Also will der Arzt klären, wieso der Essensbrocken beim Kauen nicht genügend zerkleinert worden ist. Deshalb schickt er den Patienten zum Zahnarzt, um untersuchen zu lassen, ob vielleicht die Zähne des Patienten schadhaft sind. Ein gefährliches Unterfangen, denn bis zur exakten Zahndurchleuchtung könnte der Patient am Blinddarmdurchbruch gestorben sein ...

Ich habe Patienten gehabt, die mir analoge Geschichten aus ihren Erfahrungen mit Psychotherapeuten erzählt haben – ganz ohne komische Pointe! Da wurden ihre Baby- und Kinderjahre nach verursachenden Traumen durchwühlt, jahrelang, und währenddessen ging in der Gegenwart alles zu Bruch: ihre Partnerschaft, ihre Freundschaften, ihr gemütliches Zuhause, ihre Fitness, ihre Karriere usw. Eventuelle Ursachen zur Krankwerdung gibt es ja unzählige, in jeder Lebensgeschichte. Keine Kindheit ist frei von Schmerzen, Enttäuschungen, Verlusten. Und Erwachsenenzeiten sind es schon gar nicht. Doch wohnen enorme Überlebenskräfte im Menschen, auch in jungen Jahren, und die allermeisten seelischen Verletzungen verheilen wieder gut. Wenn nicht, kann es daran liegen, dass die *Gründe zur Gesundwerdung* „schwach" sind, im Extremfall, dass der Status des Krankseins Vorteile, etwa Schonung, Arbeitsentlastung, Mitgefühl oder Aufmerksamkeit seitens der Mitwelt, einbringt, was fatal ist.

Ähnlich heilungshinderlich ist der Umstand, dass bei fehlenden Gründen zur Gesundwerdung kaum Verzichte geleistet werden, und ohne Verzichte kommt man aus seelischen Schlamasseln nicht heraus. Der Süchtige muss auf sein Suchtmittel verzichten, wenn er gesund werden will. Der Angstneurotiker muss auf das Vermeidungsverhalten, mit dem er sich vor angstbesetzten Situationen „drückt", verzichten, wenn er gesund werden will. Der Gewalttätige muss auf das Ausagieren seiner Aggressionen verzichten, wenn er gesund werden will. Der Zwangskranke muss auf seine Zwangshandlungen verzichten, wenn er gesund werden will. Der Hysteriker muss auf die Erpressungsmanöver, mit denen er seine Angehörigen tyrannisiert, verzichten, wenn er gesund werden will. Der Hypochonder muss auf die Überbeachtung seiner körperlichen Zustände verzichten, wenn er gesund werden will. Der „Ausgebrannte" (Erschöpfungsdepressive) muss auf Fremdbestimmtheit und Sich-ausnützen-Lassen verzichten, wenn er gesund werden will. Und so geht es fort. Verzichte aber, insbesondere schwere Verzichte, erbringt nur, wem ein lockendes Wozu vorschwebt, wer mit Brillanz weiß, warum er gesund werden will.

Freuds suspekte These

Aus historischer Sicht könnte man sagen, dass die Entwicklung der Psychotherapie von Sigmund Freud zu Viktor E. Frankl genau jene Akzentverschiebung von der Suche nach Krankheitsursachen hin zur Suche nach Gesundheitsbeweggründen war. Sigmund Freud war noch ein vehementer Verfechter der zuvor dargelegten Doppeldiagnostik, in gewisser Weise sogar ihr Erfinder. Ein Beispiel: Innenkreis: Eine Tochter ist lebensuntüchtig, Außenkreisring: Ihre Mutter hat sie (zum Zwecke des Vorzeigens vor den Nachbarn?) zum Bravsein (= zur Überangepasstheit) angeleitet. Jetzt traut sich die Tochter nicht, auf ihre Rechte zu pochen, ist allen Obrigkeiten gegenüber unterwürfig und wagt es nicht, eigene Wege zu gehen. Sigmund Freud glaubte daran, dass sich die Tochter aus ihrer Gehemmtheit zur Normalität befreien werde, sobald sie diesen Zusammenhang (mit seiner Hilfe) durchschaut haben werde. Er glaubte es mit der Inbrunst aller Pioniere, nur hat sich seine These nie erhärten lassen. Vielmehr zeigte sich in solchen Fällen, dass sich die Töchter zwar häufig mit einem Rundumschlag von ihren „bösen“ Eltern lossagten, dass sie aber dennoch nicht auf die Beine kamen und sich im Ausprobieren des „Endlich-nicht-mehr-brav-Seins“ als nicht weniger lebensuntüchtig erwiesen.

Es ist ein Faktum, dass Psychoanalytiker meist wenig von den Eltern, Verwandten und Lehrern ihrer Patienten wissen; wie sollten sie auch? Sie stützen sich auf hypothetische Verdachtsmomente und auf die reichlich subjektiven Aussagen ihrer Patienten. Der Vater war streng, die Mutter war launisch, der Lehrer war sadistisch – derart skizzenhafte Federstriche, hingekritzelt von einem seelisch labilen Menschen, genügen ihnen, um ein ganzes Gemälde an düsterer Feindeslandschaft aufzubauen. Kein Wunder, dass Sigmund Freud schrieb: „Den Angehörigen der Patienten kann man durch keinerlei Aufklärung beikommen, man kann sie nicht dazu bewegen, sich von der ganzen Angelegenheit fernzuhalten, und man darf nie gemeinsame Sache mit ihnen machen ...“

Ich muss sagen, ich habe in meiner mehr als 30-jährigen psychotherapeutischen Tätigkeit eher das Umgekehrte erfahren. Wenn es sich um Jugendliche handelte, habe ich oft mit den Eltern und den zuständigen Lehrern kooperiert, was für die Weiterentwicklung dieser Jugendlichen immer nützlich war. Nicht, dass ich deswegen Partei ergriffen hätte, am Ende *gegen* die jungen Menschen, aber auch nicht Partei *für* sie gegen ihre Angehörigen. Nachhaltige Problemlösungen können bekanntlich nur in gemeinsamen Akten („guten Willens“) erarbeitet werden, im großen Weltgeschehen wie in den einzelnen Familien.

Auch ist der Aspekt der Nähe bzw. Trennung von Angehörigen ein heikles Kapitel, das keine Pauschalverschreibungen verträgt. Warum fand es Freud so schwierig, Angehörige, speziell von jungen Patienten, dazu zu bewegen, „sich von der ganzen Angelegenheit fernzuhalten“? Wie er an derselben Textstelle vermerkt hat, meinte er, dass diese Angehörigen nicht ernsthaft die Gesundung der Patienten erhofften, sondern insgeheim wünschten, dass jene blieben, wie sie waren.

Ich persönlich glaube das nicht. Von allen Familientragödien, deren Zeugin ich war, hofften bestimmt 90 % der Eltern seelisch gestörter Kinder aufrichtig und zutiefst, dass ihren Kindern geholfen werden könne. Und hinter ihrem Widerstand, die Beziehung zu einem kranken oder verhaltensauffälligen Kind „therapeutenwunschgemäß“ abzubrechen, stand die blanke Angst, das Kind fallen zu lassen, stand ihr elterliches Gewissen, das dies nicht erlauben wollte.

Freilich ist eine zu lange und überbehütende oder dominant-besitzergreifende Bindung an die Kinder entwicklungshemmend, das ist hinlänglich bekannt. Aber fragen wir: Wie lange tragen Eltern die Verantwortung für ihre Kinder? Abgesehen von rechtlichen Regelungen könnte man antworten: bis die Kinder zur Selbstverantwortung fähig sind. Was aber ist mit Kindern, die keine Selbstverantwortung übernehmen, sei es aus einem Nichtkönnen, sei es aus einem Nichtwollen heraus? Was ist mit gefährdeten Kindern, mit drogensüchtigen, mit jenen, die stehlen und einbrechen, die herumgammeln oder sich Sekten anschließen, die jede Lehrstelle verlieren und schlechten Freunden in die falsche Richtung nachfolgen? Werden Eltern in solchen Fällen nicht weiterhin verzweifelt bemüht sein, ihren Kindern irgendwie beizustehen, auch wenn ihre Verantwortung für diese längst abgelaufen ist? Kann man aus therapeutischer Warte dann die Angehörigen mit dem Verlangen abspeisen, sie mögen die Finger von ihren Sprösslingen lassen, und ihnen gleichzeitig zu verstehen geben, dass sie doch einsehen mögen, was sie alles bei ihren Kindern angerichtet haben? Die auf der psychologischen Anklagebank eingefrorenen Eltern, die nur dann noch das Interesse des Therapeuten finden, wenn es um die Finanzierung seiner Dienste geht, sind kein gutes Aushängeschild für eine „humane“ Psychotherapie.

Das neue „Zwei-Kreise-Schema“

Nach dieser Offenlegung, wohin es führen kann, wenn Diagnostik und Therapie allein auf Verursachungstheorien fußen, möchte ich den Faden wieder aufnehmen, den ich zwischen Ursachen der Krankwerdung und Gründen zur Gesundwerdung zu spannen begonnen habe. Ursachen sind im Allgemeinen etwas Zwangsläufiges. Gründe hingegen sind etwas Freiwilliges, sind frei gewählte Motive für bewusste Handlungen. Viktor E. Frankl pflegte den Unterschied folgendermaßen darzulegen:

Wenn jemand Zwiebeln schneidet, dann weint er. Seine Tränen haben eine Ursache. Aber er hat keinen Grund zu weinen. Und einen Bergsteiger, der sich dem Gipfel eines Viertausenders nähert, mag Angst und das Gefühl der Beklemmung überkommen und beschleichen. Diese Gefühle haben entweder eine Ursache oder einen Grund. Die Ursache kann Sauerstoffmangel sein. Wenn der Bergsteiger aber weiß, dass er ungenügend ausgerüstet ist oder nicht genug trainiert hat, dann hat seine Angst nicht eine Ursache, sondern einen Grund.[16]

Die Beispiele zeigen anschaulich, dass Ursachen etwas Zwangsläufiges sind: Der Zwiebelgeruch erzeugt bei genügend dichter Konzentration zwangsläufig die Tränenproduktion beim Zwiebel schneidenden Menschen. Gründe wiederum sind etwas weitgehend Freiwilliges. Wenn ein Mensch einen Grund zum Weinen hat, etwa, weil er einen geliebten Menschen verloren hat, dann hat er zuvor ein freiwilliges Ja zu diesem Menschen gesprochen, dessen Verlust ihn schmerzt. Oder wenn sich ein Bergsteiger nicht genügend vorbereitet hat, dann hat er sich freiwillig in eine Gefahr begeben (oder auch freiwillig nicht hinreichend über die Gefahr informiert), die zu fürchten er Grund hat. In dieser Differenzierung zwischen Ursachen und Gründen hängt logischerweise das, was einer kann bzw. nicht kann, von den Ursachen seines Könnens oder Nichtkönnens ab, während das, was einer will bzw. nicht will, von den Gründen seines Wollens oder Nichtwollens bestimmt wird. Es ist offenkundig, dass eine Psychologie, die ihr Augenmerk auf Letzteres richtet, den Menschen den Zwangsläufigkeiten einer passiven Opferrolle enthebt und als aktiven Mitgestalter dessen definiert, was aus ihm in Freiwilligkeit wird.

Interessanterweise hat die Frankl'sche Logotherapie mit ihrer Akzentverschiebung von den „Ursachen der Krankwerdung" hin zu den „Gründen zur Gesundwerdung" auch eine Art Doppeldiagnostik entwickelt nach dem Schema eines größeren Kreisfeldes, das ein kleineres umschließt. Für sie steht jedoch das innere, kleine Kreisfeld für den Kern der menschlichen Existenz, den wir als das personale Ich bezeichnen können. Es ist jenes Ich, das zu vom freien Willen getragenen Entscheidungen befähigt ist, auch zu Entscheidungen darüber, wie den ihm zuströmenden Einflüssen aus dem größeren Kreisring geistig begegnet wird. Dieses große, das personale Ich umschließende Kreisfeld steht nämlich für das Schicksalhafte, dem ein Mensch (ununterbrochen) ausgesetzt ist, sei es von makrosoziologischer oder mikrosoziologischer Struktur (das heißt von der gesamten Gesellschaftsordnung oder vom engeren Lebensraum herrührend), sei es aus seinen Genen stammend oder aus den Lernerfahrungen, die er in seinem bisherigen Leben gemacht hat. Hierzu passende Beispiele beginnen im Unterschied zum alten „Zwei-Kreise-Schema" stets mit dem äußeren Kreisring und enden mit dem Votum der Person. Etwa so: Außenkreisring: Eine Kindheit war voller Entbehrungen. Innerer Kreis: Der Betreffende freut sich als Erwachsener über jedes bisschen Luxus, das er sich gönnen kann. Eine Alternative wäre: Der Betreffende entwickelt sich zu einem habgierigen Geizkragen. Man bemerke: Wo der freie Wille mitwirkt, ist jegliche Zwangsläufigkeit aufgehoben, das heißt, in diesem Schema gibt es den inneren Kreis stets in Alternativen.

Der Vorteil dieses neuen Schemas ist, dass die erblichen charakterlichen Belastungen und die von Gesellschaft, Familie und Schule ausgehenden gravierenden Erziehungsfehler, die bedauerlicherweise vorkommen, zusammengefasst werden zu einem einzigen krankheitsverursachenden Block (Außenring), der allerdings geknackt werden kann aus jenem spezifisch menschlichen Kern (Innenkreis) heraus, der allem Schicksalhaftem und daher auch allen Krankheitsverursachungen irgendwie noch zu trotzen vermag, wenn nur um einen echten Grund zum Gesundwerden gewusst wird.

Bei dieser Art von „Doppeldiagnostik“ fällt der Blick des Betrachters nicht vorrangig auf das Negative, das ein Leben schicksalhaft überschattet, sondern auf das Positive, das einer menschlichen Existenz innewohnt, auf die gesunden Selbstheilkräfte der Familie und auf die „Trotzmacht des Geistes“ (Frankl), die dem Menschen eignet. Dementsprechend verändert sich auch der therapeutische Ansatz: An die Stelle von psychologischen Schuldzuweisungen an die Mitwelt rückt die Akzentuierung der Selbstverantwortlichkeit eines Patienten, und statt der Zurückweisung von Angehörigen während der Therapie, kommt es zu einer Verbündung des Therapeuten mit allen guten Kräften in und um den Patienten herum – einem Bund, der der gemeinsamen Aufgabe, dem gemeinsamen Heilungsziel dient, nämlich das personale Ich des Kranken zu stärken im Umgang mit seinem Schicksal.

König Alkohol entronnen

Ich habe vor Jahren mit einem Alkoholiker gearbeitet, 45 bange Wochen lang. Während dieser Zeit hat er manches von mir gelernt, aber mehr noch habe ich von ihm und seinem Werdegang gelernt. Als ich ihn zum ersten Mal traf, war er „austherapiert“, wie man im Fachjargon sagt. Niemand gab ihm mehr eine Chance und keine Krankenkasse zahlte mehr einen Pfennig für eine Behandlung von ihm. Warum? Nun, der äußere Kreisring war riesig, prall gefüllt mit schicksalhaftem Unglück. Der Mann war als Scheidungswaise aufgewachsen, mit wechselnden Stiefvätern, allesamt Wüstlinge und Trinker. Seine mütterliche Wohnung glich einem Saustall. Wenn es daheim unerträglich wurde, „flüchtete“ seine labile Mutter in Nervenkliniken und überließ den Jungen sich selbst. Dieser betäubte sich dann mit Schnaps aus dem reichlich herumstehenden Flaschenvorrat. Mit 14 Jahren war er bereits physisch und psychisch abhängig. Kein Wunder, dass er von der Schule flog.

Aber in jeder Lebensgeschichte gibt es auch den „Stern“, der wie der Stern von Betlehem zart leuchtet und den Weg zum Wunder weist. In der Geschichte dieses Mannes war es ein Schlossermeister, der sich des Jungen annahm. Er gestattete ihm, in seiner Werkstätte auszuhelfen, und lehrte ihn Manieren und Anstand. Der Junge verlor die Pickel im Gesicht, zog sich sauber an und entwickelte sich zu einem hübschen jungen Mann, dem man seine Trinkgewohnheiten nicht ansah. Es kam, wie es kommen musste: Er verliebte sich, das Mädchen erwiderte seine Liebe und beide glaubten, mit ihrer Liebe allein könnten sie „die Welt erobern“. Es ging sogar eine Weile recht gut. Der Mann fand Arbeit. Seine Tochter Anni wurde geboren und er vergötterte sie. Doch König Alkohol entließ seinen Sklaven nicht. Als der junge Mann eines Tages beschwipst zur Arbeit erschien, wurde ihm fristlos gekündigt. Danach ging es mit ihm rasant bergab. Am Ende der Talfahrt war er geschieden, magenkrank, ohne Geld und hauste in einer Bruchbude. Die nächsten acht Jahre vergammelte er und gelangte zu Bad und frischer Wäsche nur in jenen Interimsphasen, in denen er nach öffentlichen Zusammenbrüchen in Krankenhäusern landete. Drei Rehabilitationskuren wurden ihm aus diversen Sozialfonds genehmigt, doch alle kurzfristigen Erfolge verpufften wieder. Keinerlei therapeutische Maßnahmen fruchteten. Er wurde stets rückfällig und man gab ihn auf.

Doch der Stern glühte immer noch. An einem (geheiligten?) Tag glomm er durch die dicke Nebelschicht menschlichen Versagens hindurch. Der inzwischen 28-jährige Mann, der in einer Toreinfahrt bettelte, empfing eine milde Gabe, blickte zum Spender empor und erkannte in ihm einen ehemaligen Nachbarn aus der Zeit, als er noch verheiratet gewesen war. Die beiden kamen ins Gespräch. „Weißt du, was mit deiner Frau passiert ist?“, fragte der ehemalige Nachbar. „Keine Ahnung“, antwortete der Alkoholiker. „Sie konnte die Miete nicht mehr bezahlen“, berichtete der Nachbar, „und ihre Wohnung wurde zwangsgeräumt. Jetzt haust sie mit ihrer Tochter in einem Obdachlosenheim.“

Lange nachdem der Nachbar gegangen war, saß der Mann noch sinnend im Torbogen. Seine kleine Anni – so elend wie er? Nichts anzuziehen, vielleicht nur ein dünnes Mäntelchen im Winter, von der Caritas geschenkt? Keine Spielsachen, keine Schulbildung ... Unter den rauen Gesellen des Heims ... Verloren wie er? Seine goldige kleine Anni? Nein, tausendmal nein! Er raffte sich auf. Wie unsicher seine Beine ihn trugen! Aber er musste etwas unternehmen. Er würde sie retten! Er würde sie herausholen! Sie durfte nicht verkommen wie ihr Vater, sie nicht! Er wankte – wohin? Eine schwache Erinnerung bahnte sich den Weg durch sein lädiertes Hirn: der Schlossermeister! Wo war das nur? Er stolperte in die Richtung von dessen Werkstätte, fand sie, torkelte zur Tür hinein, fiel vor dem Schlosser auf die Knie und flehte um Hilfe. Dieser schüttelte ernst den Kopf und sagte etwas sehr Kluges: „Wenn du ihr helfen willst, musst du erst dir selbst helfen.“ Da stand der Mann auf, hielt sich zitternd an einem Eisengestell fest und erwiderte: „Ich bin bereit.“ Hut ab vor dem Schlossermeister! Er fuhr den elenden Mann eigenhändig in eine Fachklinik, streckte die Behandlungskosten für Entgiftung und Entwöhnung vor und verlangte nur, dass der Mann sie nach seiner Entlassung bei ihm abarbeiten werde. Nüchtern natürlich!

Ein halbes Jahr später saß der Mann auf Anraten der Ärzte bei mir. Die Behandlung hatte ihn körperlich aufgebaut, aber was viel wichtiger war: Dieses Mal wollte er König Alkohol endgültig entrinnen. Er wollte es mit jeder Faser seines Herzens. Er wollte regelmäßig arbeiten, eine Wohnung mieten, sich um seinen Lebensunterhalt kümmern, seine Exfrau und sein Kind versorgen. Er wollte den Traum von einem „normalen" Leben verwirklichen, von einem so köstlich normalen Leben, wie er es weder in seiner Kindheit noch in seiner Erwachsenenzeit je kennengelernt hatte. Ich glaubte ihm und entfernte sämtliche „Krankheitsursachen" aus unseren Gesprächen. Herrliche „Gründe zum Gesundwerden" waren aufgetaucht, und diese durften wir nicht mehr loslassen.

Zunächst musste die einfachste Existenzgrundlage geschaffen werden, allerdings integriert in ein Programm für Körper, Seele und Geist. Denn so schwere Krankheiten – und eine jahrzehntelange Abhängigkeit *ist* eine schwere Krankheit! – müssen multidimensional angegangen werden, wenn sie ausgemerzt werden sollen. Ich bat den Mann, Zeitungsannoncen, in denen Hilfskräfte gesucht wurden, auszuschneiden und zu mir mitzubringen. Daraus entstand eine Bewerbung für einen Job als Werbeblattausträger, zu dem ich ihm geraten hatte, weil diese Arbeit außerordentlich viel Bewegung im Freien mit sich bringt, was seinem Kreislauf und seinen Muskeln guttun würde. Er bekam den Job und schwitzte ordentlich bei seinen ersten Touren, aber allmählich gewann er an physischem Schwung, gesünderem Aussehen und Konzentrationsfähigkeit, wodurch er sich weniger verirrte und sein Tagespensum besser bewältigte. Am Wochenende reinigte, polierte und verpackte er Kleinwaren im Lager des Schlossermeisters, obwohl dieser solches noch gar nicht von ihm verlangt hatte, aber es war mir nur recht, wenn mein Patient beschäftigt war. Jeder Leerlauf gefährdete ihn und eine vernünftige Freizeitgestaltung hatte er noch nicht gelernt. Sein Körper wurde also mittels viel Bewegung an der frischen Luft (und in der Konsequenz tiefem Schlaf) regeneriert; ein Ansatz, der noch durch Hygiene- und Ernährungstipps von mir ergänzt wurde.

Auch die Seele kam nicht zu kurz. Wöchentlich übte ich mit ihm das autogene Training, garniert mit Suggestivformeln zum Aufbau einer stärkeren Willenskraft. Zur Unterstützung gab ich ihm Kassetten mit nach Hause, die ich mit Entspannungsübungen besprochen hatte. Die Anweisung lautete: Wann immer ihn eine innere Unruhe befalle, wann immer der Drang in ihm aufsteige, sich mit Alkohol zu stimulieren, solle er sich irgendwo hinsetzen oder hinlegen und mithilfe einer Kassette beruhigen. Die eingestreuten Formeln erinnerten ihn daran, seinen eigenen Willen deutlich zu spüren und im Bewusstsein seiner Willenskraft den heroischen Verzicht zu leisten, der ihm gerade abverlangt war. Das half ihm über manch kritische Verführungsmomente hinweg. Parallel dazu zog ich ein Frustrationstoleranzprogramm mit ihm durch, das ihn lehrte, Frustrationen in Worte zu kleiden, in kommunikativen Gesprächen auszuräumen, mit Erfreulichem aufzuwiegen und notfalls schlichtweg auszuhalten. Der Mann entpuppte sich als begieriger Schüler und war stolz auf jede kleine Erfolgsmeldung, die er mir bringen konnte.

Am wichtigsten aber war es, sein Liebesmotiv am Brennen zu halten. Über seinem Bett wurde ein großer Wandkalender aufgehängt und darüber ein Foto von Anni. Im Kalender wurde an jedem Tag, den er alkoholfrei und tüchtig bei der Arbeit verbracht hatte, ein Stern eingemalt: ein „Stern für Annis Zukunft". 300 Sterne sollte er sammeln, so unser Motto, um dann mit seiner Exfamilie Kontakt aufzunehmen. Bis dahin wurde jeder übrig gebliebene Pfennig zur Seite gelegt. Nach 200 Tagen bot ihm die Firma, bei der er beschäftigt war, an, bei Materialauslieferungen als Beifahrer mitzufahren. Sie benötigten einen Speditionshelfer.

Jetzt kam Bewegung in die Sache. Erstens stellte mein Patient fest, dass er die schweren Pakete kaum zu schultern vermochte. Zweitens berichtete er mir, dass er schrecklich gerne selbst am Steuer des Firmenwagens sitzen würde. Diese Doppelbotschaft wurde zur Veranlassung, für ihn passende Freizeitaktivitäten zu installieren: erstens den Besuch eines Fitnessklubs zum speziellen Aufbau seiner Armmuskulatur (seine Beine hatten sich vom vielen Herumlaufen bereits hinreichend gestärkt) und zweitens die Teilnahme am Unterricht einer Fahrschule. Da er in seiner Funktion als

Beifahrer ein bisschen mehr verdiente als zuvor, konnte er sich beides mittels Ratenzahlungen leisten. Es kam die Zeit, in der mein Patient die Entspannungskassetten nicht mehr benötigte. Seine Tage waren voll ausgefüllt, des Nachts schlief er fest und tief, sein körperlicher Zustand erholte sich nach dem jahrelangen Missbrauch erstaunlich schnell, seine Magenbeschwerden verschwanden und sein Selbstvertrauen hob sich. Ungeduldig wartete er auf das Wiedersehen mit Anni, aber ich bremste noch. 300 „Stern-Tage“ waren ausgemacht!

Er schaffte es. Zufällig bestand er die Führerscheinprüfung rund um diesen Stichtag, was ihn besonders beflügelte. Mit dem Schein in der Hand schwor er, sich nie mehr auch nur in die Nähe von König Alkohols Domizilen zu begeben. Bars und Wirtshäuser waren Tabuzonen für ihn. Und so kam der große Tag: Sauber angezogen und schick aussehend besuchte er seine Exfrau und umarmte Anni, die inzwischen ein großes Mädchen geworden war. Er legte alles offen, seine jahrelange Sucht, seine Schwäche, sein Versagen als Vater. Er beschönigte nichts, er schob nichts auf seine Herkunftsfamilie, er sparte mit sämtlichen Ausreden in puncto Krankheitsverursachung (gemäß dem alten Zwei-Kreise-Schema). Er erzählte mit schlichten Worten, dass er wiedergutzumachen wünsche, was möglich war, und dass er dafür bereit sei, sich redlich abzurackern. Offenbar beeindruckte dies seine überraschten Zuhörerinnen, denn der Kontakt zu ihnen entwickelte sich in der Folge durchaus zufriedenstellend.

Die Geschichte dieses Mannes ist von schlagender Beweiskraft für die Gültigkeit des neuen Schemas. Angespornt von den Gründen zum Gesundwerden hat er sich à la Münchhausen am eigenen Schopf aus dem Sumpf gezogen. Eine „Aufarbeitung“ der Ursachen seines Krankgewordenseins hingegen hätte ihn für alle Zeiten im Sumpf versinken lassen. „Sterne“ leuchten nun einmal in der „Höhe“, auch in der „Höhe des menschlichen Geistes“, und nicht in der „Tiefe“, auch nicht in der „Tiefe der menschlichen Seele“.

Nehmen wir die so bedeutungsvollen „Gründe zum Gesundwerden" genauer unter die Lupe. Ich kenne keine psychologische Schule, die vor der Frankl'schen Ära Untersuchungen darüber durchgeführt hätte, *was* ein wahrer und zugkräftiger Grund zum Gesundwerden eigentlich ist. Erst seit den Studien von Viktor E. Frankl und seinen Schülern wissen wir, dass es sich dabei nicht einfach um Gaukelbilder des Selbsterhaltungstriebes oder um Fluchtnischen vor Ängsten handelt. Ichbezogene („egozentrische") Motive gäbe es für Kranke genug, um ihre Krankheit zu überwinden, schon aus der banalen Tatsache heraus, dass es sich als Gesunder angenehmer lebt denn als Kranker und dass die Lebenserwartung für Gesunde statistisch günstiger ausfällt denn für Kranke. Trotzdem wohnt solchen Motiven nicht jene Macht inne, die sie eigentlich haben müssten. Für den Mann in obigem Beispiel etwa hätte es längst eine ganze Palette egozentrischer Gründe gegeben, sich von der Sucht loszueisen, aber selbst Demütigungen, Magenkrämpfe, Verwahrlosung etc. hatten ihn kein Stück weit motiviert, seinem Schicksal die Stirn zu bieten. Es ist ganz typisch: Sagt man einem Alkoholiker, er möge aufhören zu trinken, fragt er, wozu. Sagt man dann, damit er länger lebe, antwortet er, er trinke lieber und sterbe früher. Das ist das Ende der Sackgasse.

Nein, die Gründe, die den Menschen wirklich bewegen, sich zu Höchstleistungen aufzuschwingen, sind anderer Art. Sie sind nicht egozentrisch, sondern „selbsttranszendent" (Frankl). Das heißt, sie orientieren sich an *über den Menschen hinausreichenden* („den Menschen transzendierenden") *Werten*, an etwas, das nicht wieder nur dem Betreffenden selbst zugutekommt – an einer Glaubensüberzeugung, an einer Sache oder an einer Person, die einem viel bedeutet. Wer sein Leben zutiefst ehrlich seinem Gott, einem Ideal, einer Vision weihen möchte, hat einen profunden Grund zum Gesundwerden, weil er sich gebraucht und angefordert weiß. Wer ein Fachgebiet kennt, dem er seine volle Schaffenskraft beruflich oder hobbymäßig widmen möchte, der hat einen Grund zum Gesundwerden, weil ihn die Gesundheit dafür frei machen wird, seine schöpferischen Kräfte zu bündeln und auf dem auserwählten Fachgebiet unabgelenkt zum Einsatz zu bringen. Wer Menschen wahrhaft liebt, wobei der Begriff „Liebe“ hier im weitesten Sinne gefasst ist (also etwa die Liebe zu einem Kind, die Freundschaft mit einem Kollegen, die Kameradschaft mit einem Interessensgefährten etc. mit einschließt), der hat einen Grund zum Gesundwerden, weil ihn die Gesundheit instand setzen wird, sich selbst optimal in diese Liebesbeziehung mit einzubringen. (Übrigens: Wir haben nunmehr zweimal anhand von Fallberichten gesehen, dass etwa die *Vaterliebe* – und nicht nur, wie allgemein bekannt, die Mutterliebe – ein selbsttranszendenter Akt von enormer Schubkraft ist, der erstaunlich Großartiges bei einem Menschen in Bewegung setzen kann: einmal bei dem wohlhabenden, gebildeten Mann aus Irland und einmal bei dem mittellosen, ungebildeten Alkoholiker. Ich betone dies deshalb und habe auch die Beispiele so gewählt, weil in unserer „vaterlosen Gesellschaft“ – vgl. Alexander Mitscherlich! – mitunter der Eindruck entsteht, der leibliche Vater sei nur sekundär wichtig bzw. ersetzbar durch redlich bemühte Quasi-Stiefväter, was so nicht stimmt. Das aktive und opferbereite Dasein von Vätern für ihre Kinder ist ein nicht zu unterschätzender Beitrag zu einem stimulierenden Erziehungsklima und ein enormer Grund für diese Väter, auf eigene Fitness und Ressourcen zu achten.)

Dass der Wert, um dessen Verwirklichung es geht, über den Menschen selbst hinausreichen muss, wenn er Zugkraft in Richtung positiver Lebensveränderung haben soll, wird angesichts der riesigen Suchtproblematik, der wir heute gegenüberstehen, besonders deutlich. Es herrscht Einigkeit in der Fachwelt darüber, dass Süchtige stets einen bestimmten Erlebniszustand suchen. Sie sind gleichsam aus der „Selbsttranszendenz“ herausgeglitten und in „zuständlicher“ statt „gegenständlicher“ Orientierung gelandet: Sie wollen gewisse „Zustände“ (Enthemmung, künstlichen Optimismus, Selbstsicherheit, Vergessen von Sorgen, Spannungskick ...) bei sich selbst hervorrufen und nicht „Gegenstände“, sprich: sinnvolle Inhalte, in die Welt hinein schaffen. Das Suchtmittel erzeugt ihnen die gewünschten Zustände, zumindest so lange, bis es sie nur noch kurzfristig von den unerträglichen Entzugserscheinungen erlöst, die mit nachlassender Suchtmittelwirkung auftreten. Da es solchen Menschen um das geht, was *in* ihnen passiert (lustvoller – unlustvoller Zustand?), verschwindet für sie alles, was *außerhalb* von ihnen geschieht. Die Werte und wertvollen Inhalte ringsum verblassen und mit der reduzierten Wahrnehmung von Werten in der Außenwelt schrumpfen auch die Gründe zum Gesundwerden, die ja an das Verwirklichenwollen von Werten gebunden sind, wie wir bereits wissen. Welch ein wahnsinniger Teufelskreis tut sich hier auf! Süchtige zeigen ein geringes Interesse an der endgültigen Überwindung ihrer Krankheit, weil sie kein Wozu sehen; und ein Wozu würden sie erst sehen, sobald sie ihre Krankheit überwunden hätten (und ihre Wertewahrnehmung sich wieder erholen würde). Die Sucht selbst ist es, die die Rettung aus der Sucht untergräbt.

Mir liegt eine Studie aus Heidelberg vor, in der 15 Jahre lang abhängige Frauen aus dieser Stadt getestet und interviewt worden sind (Stephans, 2003). In der Summe konnten kaum signifikante Ähnlichkeiten der Lebensschicksale dieser Frauen gefunden werden, was ihre Kindheit, Erziehung und Ursprungsfamilien betraf. Die einzigen Ähnlichkeiten, die sich abzeichneten, betrafen ihre gegenwärtigen Lebenskonstellationen und deren hohen Grad an mangelnder Sinnerfüllung. Unter den abhängigen Frauen waren nämlich:

1. viele, die eine gute Schul- oder sogar Universitätsbildung genossen hatten und nach der Familiengründung plötzlich ans Haus gefesselt waren, wo ihre geistigen Fähigkeiten brachlagen;

2. viele, die durch schwere und monotone Arbeit im Beruf, durch Mobbing und Termindruck nebst Versorgung des Haushalts und der Kinder überlastet und erschöpft waren;
3. viele, die sich einsam fühlten, weil ihre Beziehungen gescheitert waren, ihre Kinder aus dem Haus gegangen und ein leeres Nest zurückgelassen hatten oder die einfach alt und allein waren.

Man sieht, das Gemeinsame an diesen Frauenschicksalen sind nicht irgendwelche Kindheitstraumen, sondern die fehlenden Gründe zur Gesundwerdung. Warum soll eine gebildete Frau gesund werden wollen, wenn sie auch als Gesunde mit ihrer Bildung nichts Sinnvolles anfangen kann? Warum soll eine überlastete Frau gesund werden wollen, wenn sie auch als Gesunde weiterhin überlastet sein wird? Warum soll eine alleinstehende Frau gesund werden wollen, wenn sie auch als Gesunde für niemanden da sein kann? *Das* sind die Fragen, die sich diese Frauen stellen, und solange sie keine Antworten entwickeln, die ihnen neue faszinierende Wertperspektiven erschließen, und zwar trotz einengender familiärer Pflichten, monotoner beruflicher Schwerarbeit oder verabschiedeter lieber Menschen, werden sie dem Alkohol (bzw. den Tabletten) nicht entsagen. Will man ihnen nachhaltig helfen, ist es daher notwendig, zu vermitteln:

1. dass sie mehr aus sich machen können, als sämtliche bisherigen Bedingungen aus ihnen gemacht haben;
2. dass sie heilende Trotz- und Widerstandskräfte gegen die Verführungen der Sucht in sich tragen;
3. dass diese Kräfte wachsen und anschwellen werden, sobald ein Wert außerhalb ihrer selbst ins Visier gerät – ein Wert, der sie dermaßen anrührt und ergreift, dass sie für dessen Förderung und Realisierung bereit sind, sich mit ihrer ganzen Person einzusetzen und eventuelle schlechte innere Zustände, die auftreten mögen, souverän auszuhalten, wenn es denn sein muss. Es gibt

keinen Weg zur seelischen Genesung, der an der Erneuerung von Selbsttranszendenz und Wertesichtigkeit vorbeiführt!

Tröstlich jedoch ist, dass jeder Mensch genügend Gaben in sich hat, unsere Welt ein wenig besser, freundlicher, „gottgewollter“ werden zu lassen. Und jeder ist dazu aufgerufen, ausnahmslos: der Obdachlose, der Kriminelle, der Trinker, der Junkie, das Hausmütterchen, die Arbeiterin, die einsame Alte. Jeder ist qua Menschsein zum „Ko-Kreator“ von höchsten Würden bestellt. Wir müssen es unseren Patienten nur wieder und wieder zu Bewusstsein bringen – und dies ist eine der schönsten und lohnendsten Aufgaben einer wahrhaft humanen Psychotherapie. Ihre Aufgabe ist es nicht, im Dreck der vergangenen Jahre zu wühlen. Ihre Kunst ist es vielmehr, wie Frankl uns gelehrt hat, den uns „eingehauchten Geist“ in Schwingung zu versetzen, auf dass er uns schwache Geschöpfe durchwehe und begnade zum Besten in uns.

Ein Heilmittel für Leib und Seele: die Dankbarkeit

In den letzten Jahren ist in der psychologischen Fachsprache der Ausdruck Resilienz modern geworden. Er leitet sich vom englischen „resilient“ ab, das so viel wie „spannkräftig, federnd, elastisch“ bedeutet. Mit Resilienz wird die Fähigkeit eines Menschen bezeichnet, sich wie ein „Stehaufmännchen/-weibchen“ aus einer Niederlage oder persönlichen Katastrophe erheben und frischen Mutes neu anfangen zu können. Oder mit anderen Worten: Resilienz ist gleichsam der Flug des Phönix aus der Asche. Man hat zu erforschen begonnen, was es mit dieser Resilienz auf sich hat (Martin E. Seligman, Robert Emmons) und ist dabei auf Faktoren gestoßen, die jahrzehntelang in der Wissenschaft wenig Beachtung gefunden haben. Ein gewichtiger Faktor, der die Resilienz des Menschen erhöht, ist demnach ein sinnvolles Vorhaben in der Zukunft, das ihm „am Herzen liegt“ (Leser, die mir bis hierher gefolgt sind, werden sich darüber kaum wundern, ist dieses Forschungsergebnis doch eine massive Bestätigung der Frankl'schen Thesen). Ein ebenso gewichtiger Faktor, der die Resilienz des Menschen erhöht, ist aber zudem eine dankbare Einstellung zu Vergangenem. Das überrascht. Denn wer hätte gedacht, dass die Dankbarkeit nicht bloß eine Tugend unter vielen, sondern ein Heil- und Anspornmittel von exquisitem Grade ist, das physisches/psychisches Überleben bzw. Weiterleben ermöglichen kann? Gehen wir der Frage nach, wieso sie derlei Kunststück zustande bringt.

Kummer, Leid, Sorgen und erst recht persönliche Katastrophen führen zu leichten bis mittelschweren Realitätsverkennungen, was seltsamerweise ursprünglich im Plan der Natur liegt. Die Natur will ja, dass ihre Lebewesen alles unternehmen, um Kummer, Leid und Sorgen loszuwerden. Also zieht sie automatisch die gesamte Aufmerksamkeit eines Lebewesens auf einen zu behebenden Defekt. Wenn ein Tier friert, spürt es dies sofort. In diesem Moment bemerkt es nicht (mehr), dass es keinen Durst hat, dass es nicht müde ist oder dass es in keinen Kampf mit einem Konkurrenten verwickelt ist. Es bemerkt „nichts als Frieren", seine „Welt" ist sozusagen nur noch „Frieren", was es veranlasst, schleunigst nach einem warmen Plätzchen Ausschau zu halten. Das ist ganz nach biologischem Plan. Und da dieses biologische Erbe auch in uns Menschen tickt, ergeht es uns genauso. Haben Sie Zahnschmerzen, so bemerken Sie dies sofort. Mit zunehmender Unerträglichkeit des Schmerzes schwindet „der Rest der Welt" aus Ihrem Gesichtsfeld. Gedanken wie, dass es erfreulich ist, eine hübsche Tochter zu haben, angenehm ist, in einem eigenen Haus wohnen zu können, herrlich ist, nicht auf einen Rollstuhl angewiesen zu sein, etc. schleichen sich zur Bewusstseinstüre hinaus. Die Zahnschmerzen jagen Sie zur Apotheke oder zum Zahnarzt und fast nur diese Aktion beschäftigt Sie. Ist die Aktion schließlich gelungen, kehrt „der Rest der Welt" allmählich wieder in Ihr Bewusstsein zurück.

So weit, so gut, nur ist leider nicht jeder Defekt behebbar und nicht jeder Schmerz durch eine Aktion tilgbar. Für diesen Fall hat die Natur nicht vorgesorgt. Das bedeutet, dass die Aufmerksamkeit des Lebewesens, insbesondere eines kognitiv so weit entwickelten wie des Menschen, dann am Negativum hängen bleibt. Sie haben Ihre Tochter begraben. Ein Erdbeben hat Ihr Haus zerstört. Eine Lähmung der Beine zwingt Sie in den Rollstuhl. Jetzt gibt es nichts, wohin Sie jagen könnten, um das Unglück zurückzufahren; keine

Hoffnung auf Besserung, zu der Sie flüchten könnten. Ihre brennende Gedankenballung rund um das missliche Geschehen nützt nichts, um es aus der Welt zu schaffen. Mehr noch: Sie reduziert Ihre „Welt“ auf das missliche Geschehen. Nichts anderes existiert mehr für Sie. „Alles“ ist schwarz, weil Sie Tochter oder Haus oder Mobilität verloren haben. Die Realitätsverkennung beginnt sich zu zementieren. Alles ist schwarz ... nur schwarz ... Depression, Resignation und Verzweiflung machen sich breit und von Resilienz zeigt sich keine Spur.

Setzen wir nun das Heilmittel „Dankbarkeit“ ein. Wie so oft just ein Paradox die Wende einleitet, scheint auch die Dankbarkeit bei einem vom Schicksal geschlagenen Menschen fehl am Platz zu sein und ist doch goldrichtig. Der Auftrag lautet: Sprechen Sie jeden Abend vor dem Einschlafen ein Dankgebet. Sie müssen es nicht *Gebet* nennen und Sie brauchen nicht einmal zu wissen, *wem* Sie danken. Was Sie allerdings unabdingbar brauchen, um Ihren Dank zu formulieren, ist das Wissen um ein *Wofür*. Man kann nicht „für nichts“ danken, man kann nur für „etwas“ danken. Also machen Sie sich auf die Suche nach dem dankenswerten „Etwas“ in Ihrem Leben. Bemühen Sie sich jeden Abend um einen neuen Fund an dankenswertem „Etwas“.

Da heißt es vielleicht an einem Abend: „Danke, dass ich 20 Jahre lang eine wunderbare Tochter gehabt habe.“ Ein prima Start! Woanders heißt es an diesem Abend: „Danke, dass ich und meine Lieben nicht gerade im Haus waren, als das Erdbeben es zerstörte.“ Sehr weise! Und noch woanders heißt es am selben Abend: „Danke, dass zumindest meine Hände beweglich sind und ich sie für vielerlei Tätigkeiten verwenden kann.“ Super erkannt!

Vielleicht heißt es am nächsten Abend: „Danke, dass ich einen Mann habe, der zu mir hält und mich nicht im Stich lässt.“ Prima fortgesetzt! Und woanders heißt es: „Danke, dass ich in einem Land lebe, in dem es ein soziales Netz gibt, durch das ich nicht hindurchfalle.“ Wiederum sehr weise! Und noch woanders heißt es: „Danke, dass ich große Freude an der Musik habe und mir ein Opernabonnement leisten kann." Bravo!

Wir sehen, Abend für Abend kratzt die Dankbarkeit an den Mauern der Realitätsverkennung, untergräbt das Nur-Negative, streut Lichtfunken mitten ins Nur-Schwarze hinein und klärt die mit Verzweiflung Ringenden über die vielen Geschenke des Lebens auf, die sie bislang wie selbstverständlich hingenommen haben, die es aber keineswegs sind und die sich ihnen immer noch gewähren. Es stimmt, das Leben hat ihnen Kostbares genommen, aber das Leben hat ihnen auch unendlich viel Kostbares gegeben, und *beides* darf gleichermaßen beachtet und im Bewusstsein präsent gehalten werden. *Beides* darf in der Fülle des Lebens sein. Diese Fülle ist der Nährboden, aus dem das zarte Pflänzchen „Resilienz" eines Tages aufkeimen kann und wird.

Noch in einer weiteren Weise kratzt die Dankbarkeit an den Mauern der Realitätsverkennung. Denn Fehleinschätzungen der Realität gibt es auch bei den Günstlingen des Schicksals. Man hat mit Ausdauer und Fleiß den Chefsessel errungen. Man hat clever spekuliert und ein Vermögen angehäuft. Man steht auf der Bühne und wird von Fans umjubelt. Man hat fünf Kinder großgezogen und alle fünf entwickeln sich prächtig. Gratulation! Doch Vorsicht! Bloß nicht die Nase zu hoch heben! Allzu schnell glaubt man sich unverwundbar. Der Erfolg dringt in die Ritzen des Verstandes ein und suggeriert, man sei der Macher seines Glückes, eben „seines Glückes Schmied", wenn man nur tüchtig genug schmiedet. „Wie man sich bettet, so liegt man", predigt der Erfolg, und der Verstand äfft ihn nach: „Freilich, man liegt vorzüglich bequem, wenn man sich bloß gut bettet." Der Mensch versteht sich als Kommandeur seines Schicksals – und die Mauern der Realitätsverkennung umwachsen ihn. Wehe, wenn sich dann plötzlich die Brüchigkeit und Vergänglichkeit allen irdischen Ruhms und aller irdischen Besitztümer mit Vehemenz offenbart! Der Sturz ist umso tiefer, als man sich in höheren Etagen aufgehalten hat. Der Hammer, mit dem man sein Glück zu schmieden meinte, saust einem auf den eigenen Kopf, und das Bett, in das man sich gelegt hat, entpuppt sich als Folterlager ...

Allein, nicht allen Günstlingen des Schicksals ergeht es so. Manche Menschen sind gegen Hochmut und Selbstüberschätzung gefeit. Es gelingt ihnen, trotz ihres Erfolges zurückhaltend und bescheiden zu bleiben. Das hilft ihnen im Fall eines „Sturzes" enorm. Der „Hammer", von dem sie sowieso nicht glaubten, dass sie ihn im Griff hätten, verschont sie; das nicht mehr sehr bequeme „Bett", das ihnen sowieso nicht wichtig war, birgt sie noch. Was sind das für Menschen? Man höre und vernehme: Es sind dankbare Menschen. Sie waren zutiefst dankbar für den Chefsessel, für das Vermögen, für den Applaus der Fans, für die lebenstüchtigen Kinder; sie haben sich jeden Morgen schon beim Aufstehen innerlich verneigt vor dem ihnen zugefallenen positiven Los und haben ihr Tagespensum in Angriff genommen im Bewusstsein, welch ideale Bedingungen sie dafür vorfinden. Diese Dankbarkeit hat sie in der Demut festgehalten, denn genau genommen *kann man nicht sich selbst danken.* Man kann sich über Gelungenes freuen, man kann sogar stolz auf sich selbst sein, aber danken – muss man einem „Gegenüber", einem „Du", und sei es nur ein namenloses, unbekanntes „Du" (etwa der einem freundlich gesonnene Zufall). Das heißt, dankbare Menschen haben einen mystischen Zugang zu einer numinosen, über ihnen waltenden Macht, der sie trotz all ihrer eigenen intensiven Bemühungen ihr Glück und ihren Erfolg letztlich verdanken; sie ahnen irgendwie, dass der „wahre Schmied" nicht von dieser Welt ist bzw. dass wir einge-bett-et sind in eine „Überwelt" (Frankl).

Da solche Demut der Realität angemessen ist, schützt sie vor Realitätsverkennungen. Und dies braucht man dringend, wenn man sich nach einem „Sturz" wieder aufrappeln will: eine klare Sicht auf die Dinge. Resilienz hat nämlich nicht nur mit dem Mut zu tun, einen Neustart zu wagen, sondern auch mit dem Überblick, wo die eigentlichen Chancen sind, die man in prekärer Lage (noch) hat. Irrtümer „am Rande der Existenz" wären besonders bedrohlich.

Zusammenfassend kann man sagen, dass die Dankbarkeit *in, vor und nach* Krisen hilft, indem sie zu Schlichtheit und Gelassenheit erzieht. Sie verhindert Überheblichkeit in Glanzzeiten und das Ausblenden von intakten Lebensbereichen in der Katastrophe. Sie schützt vor „himmelhoch jauchzend", weil sie den Menschen erdet, und vor „zu Tode betrübt", weil sie den Menschen himmelwärts hebt. Und dabei verlangt sie so wenig: ein kleines Dankgebet an jedem Abend und eine kurze Verneigung beim morgendlichen Aufstehen – und schon ist Resilienz gesät, um sie im Notfall ernten zu können.

Wohltat für Beziehungen

Die Dankbarkeit ist ein wahres Multitalent. Sie vollbringt noch weitere „Wunder" als die aufgezählten. Zum Beispiel kann sie eine elementare Ursehnsucht des Menschen (fast) stillen. Wie das?

Der Mensch ist von Anbeginn an, buchstäblich seit der Zeit, zu der er noch in den Bäumen hockte, ein Gemeinschaftswesen. Er investiert in die Gemeinschaft und er profitiert von der Gemeinschaft (was zweifellos zu seiner Überlegenheit im Tierreich beigetragen hat). Im Zuge dieser Sozietät ist es ihm eingeboren, etwas Bestimmtes von der Gemeinschaft zu wollen (oder gar zu erwarten). Er möchte von der Gemeinschaft angenommen, respektiert, geschätzt, wenn möglich geehrt und geliebt werden. Er möchte in der Gemeinschaft „jemand sein", der dazugehört und dessen Platz ihm niemand streitig macht. In der Praxis gibt es in dieser Hinsicht leider dauernd Reibungspunkte: Unterschiedliche Meinungen, überschwappende Affekte, verachtende Ideologien, brutale Konkurrenzkämpfe, Neid und Eifersüchteleien sägen am Platz des Einzelnen und verwehren ihm die Erfüllung seines Wunsches, in die (für ihn jeweils relevante) Gemeinschaft integriert zu sein. Das tut weh – mit Folgen. Das Selbstwertgefühl wackelt. Der Mensch „knurrt" wie ein verletztes Tier, fletscht die Zähne (seiner Seele), wird böse. Oder er verkriecht sich ins Abseits, schmort im eigenen Saft und wird „komisch". Mancher versucht sich Zuwendung zu erkaufen, mancher verkrallt sich in geeignete „Opfer", die er „aussaugt", mancher betäubt sich mit einem „second-life" aus der virtuellen Welt. Mancher legt sich einen ehernen Panzer zu, den keine Zurückweisung von außen durchdringen soll, der ihm aber die Brust abschnürt, und mancher belügt sich einfach selbst. Keinem geht es wohl dabei.

Nun kann eben das Geschätzt-, Geachtet-, Geliebtwerden nicht eingefordert werden, weil es – eingefordert – sogleich seinen Wert verlieren würde. Wird es nicht in Freiwilligkeit, Spontanität und Echtheit gewährt, wird es *nicht* gewährt. Aus umgekehrter Warte betrachtet, ist es uns Menschen aber gar nicht möglich, jeden, der uns begegnet, zu schätzen, zu achten und zu lieben. Ja, wären wir Engel mit zwei Flügeln, dann wäre das kein Problem; aber mit unserer armseligen psychischen Ausstattung, die maximal zu einem Flügelchen plus einem jämmerlich rudimentären Flügelstumpf reicht, und das auch nur unter Aufbietung unserer besten Potenziale, können wir das nicht. Viele unserer Mitmenschen sind uns unsympathisch, lästig, widerlich, unverständlich in ihren Ansichten und unerträglich in ihrem Gehabe. Sie lieben? Ein illusionär frommes Gebot. Eine glatte Überforderung des homo sapiens.

Somit darbt unsere menschliche Gemeinschaft unentwegt am „Hunger nach Liebe" und am Mangel hungerstillender Angebote. Angesichts dieses Mankos entfaltet das Heilmittel „Dankbarkeit" seine lindernde Kraft. Es versteckt sich, symbolisch ausgedrückt, in dem einen Flügelchen, das uns zur Verfügung steht, und streichelt damit die darbenden Seelen unserer Nächsten. Es überfordert uns nämlich *nicht*, Dank zu sagen, wem Dank gebührt. Das bringen wir selbst den Unsympathischen und Widerlichen gegenüber zustande, wenn sie etwas Löbliches bewirkt haben. Man braucht nur genau aufzupassen, was irgendjemand im Laufe eines Tages für einen tut bzw. unterlässt, einem anzutun, und schon könnte ein Wort des

Dankes über die Lippen kommen. Freilich sollte daraus keine gekünstelte Methode werden, sondern eine simple Rückmeldung über Erfreuliches, das (zusätzlich erfreulicherweise!) bemerkt worden ist.

Der Mann holt morgens frische Wäsche aus dem Schrank und sagt zu seiner Frau: „Danke, dass du meine Kleidung immer so sauber hältst!“ Das Kind beichtet mittags der Mutter, dass es in der Schule eine Ermahnung erhalten hat, und die Mutter antwortet: „Danke, dass du mir das offen sagst. So können wir gemeinsam über eine Lösung nachdenken.“ Die Frau lädt abends zu einem Fest ein und die Gäste bringen Kuchen und Salate mit. Die Frau, die selbst reichlich Speisen vorbereitet hat, dankt ihnen und beschließt, übrig bleibende Reste ihrer Haushaltshilfe zu schenken. Der Mann erscheint spät beim Fest und sagt: „Danke, dass Ihr mir meine Verspätung nicht übel nehmt, ich war heute unter einem fürchterlichen Zeitdruck.“ Die Frau meint lächelnd: „Danke, dass du dich täglich für uns abrackerst. Wir wissen, wie eingespannt du in deiner Firma bist.“ Die Gäste genießen die Tafel und danken für die umfangreichen Vorbereitungen der Gastgeberin. Der Vater bringt das Kind zu Bett und flüstert ihm ins Ohr: „Danke, dass du vor unseren Gästen keinen Radau gemacht hast, obwohl dir sicherlich langweilig war. Du hast uns allen einen harmonischen Abend beschert.“ Beim Abschied sagt die Haushaltshilfe, ein Paket im Arm, zur Frau: „Danke, dass Sie so freigiebig sind. Jetzt werden wir auch ein kleines Fest zu Hause feiern.“ – Eine Utopie? Na ja, immerhin: eine machbare! Und es braucht keine große Vorstellungsgabe, um zu erraten, dass alle, die einen Dank bekommen haben, motiviert sind, sich bei nächster Gelegenheit erneut dankenswert zu verhalten (was bei Personen, die eine Kritik erhalten haben, keineswegs der Fall ist).

Natürlich ist es nicht verboten, statt zu danken, sich zu kränken. Die Frau darf sich über die Ermahnung für das Kind, die überflüssigen Mitbringsel der Gäste und die Verspätung ihres Ehemannes ausgiebig ärgern. Der Mann darf sich über seine berufliche Plackerei und den Stress mit Frau und Gästen zu Hause aufregen. Das Kind darf seine Demütigung aus der Schule in Form einer abendlichen Störkampagne an seinen Eltern auslassen. Die Gäste dürfen über die mäßige Freude an ihren mitgebrachten Gaben enttäuscht sein. Und die Haushaltshilfe darf voller Neid auf die Leckerbissen am Tisch schauen. Dann setzt sich die Kette der Lieblosigkeiten in der Welt eben fort. Die Dankbarkeit hingegen brächte sie zum Abreißen ...

Warum ist es uns schwachen Wesen zumutbar, wider alle Anlässe zum Ärgern Worte des Dankes zu finden und einander zu schenken? Es zeigt sich, dass es deshalb zumutbar ist, weil sich ein Dank stets auf etwas Gutes bezieht, das man selbst empfangen hat. Vielleicht ist der andere unsympathisch, träge, dumm, primitiv und was man ihm sonst noch vorwerfen mag, aber dasjenige, worauf sich der Dank bezieht, hat er eindeutig gut gemacht (anderenfalls hätte man ja keinen Grund, ihm zu danken). Und dieses Gute, das er einem selbst getan hat, versöhnt ein bisschen mit den schlechten Eigenschaften, die man am anderen wahrnimmt oder ihm andichtet. Es versöhnt zumindest so viel, dass man sein (einziges) Flügelchen ausstrecken und den Dank über die Lippen bringen kann. Nein, die Überwindung, die es uns kostet, unseren Mitmenschen von Zeit zu Zeit zu danken, ist nicht verheerend groß. *Schwierig ist, daran zu denken.* Wir sind es einfach wenig gewöhnt, einander zu danken. Aber Gewohnheiten kann man sowohl ablegen als auch einführen. Und es wäre ein ungeheurer Fortschritt im Zusammenleben der menschlichen Gemeinschaften, würden sich genügend Leute angewöhnen, einander aufrichtig, ohne Kosten-Nutzen-Rechnung und ohne Pathos oder übertriebene Floskeln dafür zu danken, was zum gegenseitigen Wohle geleistet wird. Ich wage zu behaupten, dass es sogar zu einem weltbewegenden Staunen käme – einem Staunen darüber, wie sehr wir alle im Grunde zusammengehören, einander brauchen, einander stützen, füreinander da und wichtig sind.

Jedenfalls ginge ein Aufatmen quer durch die heute reichlich angeschlagenen zwischenmenschlichen Beziehungen. Erhaltener

Dank schließt Wunden der Seele und gibt jedem Menschen das Gefühl, geachtet und beachtet zu werden. Rückgemeldeter Dank erzählt ihm, dass sein guter Wille und seine guten Werke nicht in Ignoranz verpuffen, sondern durchaus anerkannt werden. Das stillt einen Großteil jener ewigen Ursehnsucht, geliebt und geschätzt zu werden, die in diesem Leben nie so ganz befriedigt wird. Es genügt zur Konsolidierung eines stabilen Selbstwertgefühls, und das ist viel.

Bei alledem gilt: Man selbst sei nicht abhängig vom positiven Feedback seiner Mitmenschen. Man giere nicht nach Lob und Dank. Erhält man nichts dergleichen, bleibt jedes persönliche Verdienst dennoch persönliches Verdienst. Nicht einmal der Tod löscht aus, was jemand in seinem Leben geleistet hat, von der Nachwelt gewusst oder nicht, gewürdigt oder nicht. Der Dank macht unsere wertvollen Taten nicht wertvoller, der Undank schmälert sie nicht. Sollte sich jedoch unerwartet, unbestellbar und unerheischbar hie und da ein Wort oder eine Geste des Dankes bei uns einfinden, dann können wir dieses anheimelnd-herrliche Gefühl genießen, dass wir nicht umsonst auf Erden sind und dass unsere tägliche Liebesmüh nicht vergeblich ist.

Eine Schlussbemerkung sei mir gestattet: Die Dankbarkeit ist auch eine Wohltat für die Beziehung zwischen Mensch und Gott. Es gibt ja auch diejenigen, die „wissen“, *wem* sie bei ihren Abendgebeten danken (bzw. *vor wem* sie sich am Morgen verneigen). Sie haben alle Vorteile auf ihrer Seite. Der Dank *für etwas* legt ihnen den Reichtum ihres Lebens zu Füßen. Der Dank *an ein Gegenüber* festigt ihr Urvertrauen. Mag ein Unglück über sie hereinbrechen – der gelebte Reichtum wird es aufwiegen und das Urvertrauen wird sie durch die Beschwernisse hindurchtragen. Meine Erfahrung als Psychotherapeutin mit Dankgebeten bei meinen Patienten ist überwältigend positiv. Das ist sie *nicht* mit Bittgebeten. Denn den Bittgebeten sitzt häufig die Angst im Nacken. „Lieber Gott, bitte lasse mich die Prüfung bestehen! Oh, es wäre schrecklich, wenn ich versagen sollte ..." Die Stimme keucht, das Herz klopft, Garantien gibt es keine. Im Vergleich dazu ist das Dankgebet reine Entspannung. „Danke, dass ich die Prüfung bestanden habe ..." Die Stimme jubelt, das Herz lacht. Eine Garantie ist vorhanden: Nichts, absolut nichts, wird den Triumph der gelungenen Prüfung mehr aus dem Leben des Prüflings entfernen, Altwerden nicht, Krankwerden nicht, Sterben nicht, Vergessenwerden nicht. Was ins Sein gekommen ist, fällt aus dem Sein nicht mehr heraus; es ist – bei Gott.

Neurosenbefreiung mittels „narrativer Logotherapie“

Wolfram Kurz, Logotherapeut und Professor an der Theologischen Fakultät in Tübingen, hat in Analogie zur „narrativen Theologie“ (= Theologie in Erzählform) den Begriff der „narrativen Logotherapie“ geprägt.[17] Er wies darauf hin, dass sich mithilfe von geeigneten Geschichten, Sagen, Legenden oder Aphorismen spielerisch Weisheiten transportieren lassen, die sich umso tiefer im Menschen einnisten, als die Quintessenz des verwendeten Textes einzuleuchten, zu erheitern oder zu beeindrucken vermag. Ich habe ähnlich fruchtbare Erfahrungen mit „teaching tales“, wie solche Texte im pädagogisch-therapeutischen Kontext in Amerika genannt werden, in meiner eigenen Praxis gemacht. Aber nicht nur Schüler Frankls verwenden gerne Erzählmaterial, um Weisheitsbotschaften an Rat suchende Menschen heranzutragen, sondern auch Viktor E. Frankl selbst hat diese Methode erprobt und gutgeheißen. Er schrieb:

Wenn vom Buch als Therapeutikum gesprochen wird, so geschieht dies durchaus im klinischen Ernst. Nimmt doch die so genannte Bibliotherapie bereits seit Jahrzehnten im Rahmen der Neurosenbehandlung einen legitimen Platz ein. Dem Patienten wird jeweils die Lektüre bestimmter Bücher – und zwar keineswegs nur die von Sachbüchern – empfohlen. Dieser Einsatz des Buches ist selbstverständlich ein gezielter und richtet sich nach dem jeweiligen Fall.

In Hinblick darauf, dass sich die Psychologie wesentlich auf eine Partnerschaft zwischen Arzt und Kranken gründet, kann natürlich davon keine Rede sein, dass jemals das Buch den Arzt und die Bibliotherapie eine Psychotherapie zu ersetzen vermöchte. Und doch darf in dieser Hinsicht das Buch nicht unterschätzt werden. Ich besitze Dokumente, aus denen eindeutig hervorgeht, dass Menschen, die jahrzehntelang an schweren Neurosen gelitten hatten und ohne Erfolg jahrelang in fachärztlicher Behandlung gestanden waren, einzig und allein auf Grund der Lektüre eines Buches eine bestimmte Methode und Technik der Psychotherapie selber und selbständig auf den eigenen Fall anwenden und sich dann auch endlich von ihrer Neurose befreien konnten.[18]

Die folgenden zehn Geschichten sind unter dem von Viktor E. Frankl gebrauchten Stichwort „Neurosenbefreiung" ausgewählt worden. Diese (mit freundlicher Erlaubnis der Autorin abgedruckten) Kurztexte entstammen einem einzigen Buch, und zwar dem Titel „Lautlos schreien, unbewegt tanzen" von Marietta Till.[19]

Die zehn Kurztexte repräsentieren die zehn häufigsten Neurosearten auf eine für Laien fantastisch einsichtige Weise. Dadurch können sie denjenigen Leserinnen und Lesern die Augen öffnen, die an einem der von den Texten repräsentierten Krankheitsbilder leiden oder in Gefahr sind, in eines davon hineinzuschlittern. Die Texte vermögen (über das Vermitteln diagnostischer Aspekte hinaus) mit ihren Warnrufen sogar Therapeutikum zu sein. Insofern tragen sie zur Daseinserhellung bei, weil sich menschliches Dasein unter neurotischer Verkrampfung und Erstarrung verdüstert, während es sich in befreiender Lockerung und Auferweckung wieder lichtet.

Psychosomatische Krankheit

Geschichte 1:

Ein wohlhabender Schweizer Fabrikant – Futura Maschinen Habluetzl & Co. – hatte sich zum Zeitvertreib einen Affen zugelegt. Es war ein possierliches Tierchen, voller Einfälle und, wie sein Herr mit Recht meinte, immerhin etwas Ausgefalleneres als die Pudel, Boxer, Siamkatzen und Wellensittiche der gewöhnlichen Bürger.

Der Affe war folgsam und gut zu haben, solange sein Dasein normal verlief, er zur rechten Zeit sein Futter bekam und seine festgelegte Zeit im umzäunten Garten nach Herzenslust herumturnen durfte. Doch konnte sich sein Sinn total verdrehen, wenn Herr Habluetzl folgendes Stückchen mit ihm aufführte:

Er gab ihm eine Rübe, die der Affe sofort ins Maul steckte, dann eine zweite, die in die linke Greifhand und eine dritte, die in die rechte Hand kam. Eine vierte Rübe nahm der Affe in den linken, eine fünfte in den rechten Greiffuß. – Dann aber hielt ihm Herr Habluetzl noch ein paar Rüben hin, die der Affe schlechterdings nicht mehr unterbringen konnte. Das machte den Affen rasend, er wurde zu einem bebenden, brüllenden, tobenden Ungeheuer. Nicht der Mangel, nein, der Überfluss brachte ihn um seinen Affenverstand. Der Fabrikant lachte sich jedes Mal halbtot über den kleinen Affenteufel.

Eines Morgens saß Herr Habluetzl an seinem Schreibtisch. Er war sehr beschäftigt. Drei Telefone liefen heiß. Johannesburg brachte einen Anschlussauftrag – die Bank empfahl Anlage einiger Vermögenswerte in kanadischen Papieren – ein Lieferant bat um einen Termin – die Sekretärin benötigte eine Unterschrift – der Computer war ausgefallen ...

Habluetzl griff sich plötzlich stöhnend an die Brust ... Zu viert mussten sie ihn hinaustragen, denn er war sehr schwer.

In der Geschichte hat der Affe Spiegelfunktion. Er demonstriert seinem Herrn, wie „Ausrasten“, „Überschnappen“, also exzessive Übererregung, passieren kann. Sie erfolgt hier nicht auf dem Wege des Mangels, sondern auf dem Wege des Überflusses. Allerdings sind es bei genauerem Hinsehen keineswegs die überflüssigen Rüben, die den Affen „verrückt“ machen. Es ist der gierige Wunsch des Affen, alle erreichbaren Rüben zu besitzen. In dem Augenblick, da es ihm unmöglich wird, die vorhandenen Rüben, das heißt alles, was ihm das Leben bietet, gleichzeitig zu ergreifen, verwandelt er sich „zu einem tobenden Ungeheuer".

Wir dürfen annehmen, dass dann auch körperliche Reaktionen seine psychische Entgleisung begleiten, wie Blutdrucksteigerung, Herzrasen etc. Toben kann man schlecht ohne vegetative Beteiligung. Doch der Affe ist körperlich (noch) gesund genug, um seine „Tobsuchtsanfälle" unbeschadet zu überstehen.

Wenden wir uns jetzt dem Fabrikanten zu, dem Topmanager, der Repräsentationsfigur in der Geschichte. Er beobachtet die Geschehnisse um den Affen wohl, aber er versteht deren Botschaft nicht. Was macht ihn dermaßen blind? Nun, sein Zynismus, mit dem er sich über die Qual des Tieres amüsiert. Wer andere in eine Falle lockt, kann leicht die eigene Falle übersehen, wie das Sprichwort vom „Grube graben und selbst hineinfallen" zu berichten weiß. Und so passiert dem Fabrikanten eines Tages dasselbe wie seinem Affen: Der Überfluss bringt ihn um den Verstand. Der Wunsch, alles gleichzeitig zu erledigen, „unter Dach und Fach zu haben", putscht ihn auf und presst letzte Reserven aus ihm heraus, was auch bei ihm nicht ohne körperliche Parallelerscheinungen abgeht. Bloß ist er nicht so kerngesund wie sein Affe. Offenbar liegt bereits eine gewisse Herzschwäche bei ihm vor, vielleicht wenig bedeutsam und daher kaum aufgefallen. Es braucht nichts Gravierendes an körperlicher Vorschädigung zu sein, was sich unter dem Einfluss einer psychischen Übererregung zum psychosomatischen Zusammenbruch von großem Ernst verdichtet ...

Fazit der Geschichte:

Ein rechtzeitiger Abbau von Zynismus, Raffsucht und Gier erhellt menschliches Dasein, indem er psychosomatischen Krankheiten vorbeugt.

Zwangsneurose

Geschichte 2:

Ein chinesischer Bauer hatte seine Reispflänzchen zur rechten Zeit in den Boden eingebracht und versäumte keinen Morgen, zum Feld zu gehen, um nach dem Gedeihen der noch zarten Halme zu schauen. Die Voraussetzungen dazu waren gut: Er hatte gedüngt, fleißig gewässert und auch die Pflanzen sicher und fest im Boden eingedrückt. Die Sonne schien und die Luft war lau und mild. Zwei Wochen gingen ins Land – unser Bäuerchen wurde ungeduldig. Die Pflanzen schienen ihm nur wenig größer geworden zu sein. Er sann auf ein Mittel, den Trieb zu beschleunigen. Es kam ihm nichts Besseres in den Sinn, als an den Halmen täglich ein bisschen zu ziehen. Als er aber am siebten Tag aufs Feld kam, was musste er sehen? Die Pflanzen lagen welk und entwurzelt im Wasser und er musste mit seiner Arbeit von vorne beginnen.

Der chinesische Bauer in der Geschichte steht für den perfektionistischen Menschen, der alles übersorgsam und hundertprozentig richtig machen möchte und die Tendenz hat, sich ständig kontrollierend rückzuversichern, ob die Dinge auch sind, wie er sie haben möchte.

Eine solche Veranlagung hat gewisse Plusseiten, weil zwanghafte Menschen im Allgemeinen ordnungsliebende, pünktliche und fleißige Arbeiter sind, auf die Verlass ist. Auch der Bauer hat zeitgerecht gesät, fleißig gedüngt und gewässert, und er versäumt an keinem Morgen, zum Felde zu gehen.

Aber eine solche Veranlagung hat auch ihre Minusseite. Denn oft wird des Guten zu viel getan, zu viel gegrübelt, zu viel kontrolliert, ob ja nichts schiefgeht, kurzum, zu viel Vorsorge getrieben. Nach dem Verlassen des Hauses etwa wird noch zweimal zurückgegangen und nachgeschaut, ob die Haustüre wohl geschlossen ist. Nach dem Händewaschen wird ein zweites, drittes und fünftes Mal

Waschen angeschlossen, damit ganz sicher keine Schmutzpartikel oder Bakterien in den Hautfalten übrig geblieben sind. Nach dem Gespräch mit der Schwiegermutter wird noch eine Stunde lang gedanklich rekonstruiert, ob nicht irrtümlich ein beleidigendes Wort gefallen ist.

Warum kann der Betreffende es nicht „gut sein lassen"? Nun, in der Fachsprache spricht man von einer *Insuffizienz des Evidenzgefühls*[20] beim zwanghaften Menschen, für den auch das Augenscheinlichste nicht überzeugend ist. Er lebt in permanenter Unsicherheit, ob das, was er tat und tut, auch richtig ist, bis hin zur Horrorvorstellung, er könne kraft eines momentanen Blackouts ein schlimmes Unglück verursachen. Genau dies aber ist sein Unglück: nicht in Ruhe abwarten zu wollen, was die Dinge zeitigen, in der Gelassenheit dessen, der sein Bestmögliches eingebracht hat und es damit genug sein lässt.

In der Geschichte ist es das langsame Wachstum der Reispflänzchen, das den Bauern verunsichert und aus der Ungeduld seines Herzens heraus den Zwangsimpuls in ihm wachruft, sich „nachhelfend" rückzuversichern, dass die Pflanzen gedeihen. Doch wer Zwangsimpulsen nachgibt, dessen Leben welkt alsbald entwurzelt dahin, wie es mit der Saat des Bauern geschah.

Fazit der Geschichte:

Die Bereitschaft, das Gesäte aufgehen und das Getane gut sein zu lassen, erhellt menschliches Dasein, weil es zwangsneurotischen Strukturen entgegenwirkt.

Sexualneurose

Geschichte 3:

Zwei Forscher gerieten im Hochgebirge von Tibet in einen Schneesturm. Da sahen sie plötzlich einen Mann, der im Schnee den Abhang hinuntergestürzt war und hilflos an einem Felsvorsprung hing. Der eine Forscher wollte sofort hinuntersteigen und dem Verunglückten helfen. Der andere weigerte sich mitzugehen. „Niemand kann von mir verlangen, dass ich mich um jemand bemühe, während ich selbst in Gefahr bin, umzukommen", sagte er. „Immerhin", meinte der erste, „wenn wir schon sterben müssen, ist es gut, wir sterben, indem wir einem anderen helfen." Der zweite wandte sich ab und ging seines Weges, er änderte seine Meinung nicht.

Der Hilfsbereite stieg zu dem Verunglückten hinunter, hob ihn unter großer Gefahr mühsam auf seine Schultern und trug ihn bergan, einer bergenden Hütte zu. Durch diese Anstrengung wurde ihm warm, und seine Wärme übertrug sich auch auf den schon ganz steifen Verunglückten.

Unterwegs traf der Retter auf seinen früheren Begleiter. Müde, wie dieser war, hatte er sich niedergelegt und war im tiefen Schnee erfroren.

Der Helfer aber hatte nicht nur einen Mitmenschen, sondern auch sich selbst vor dem Tod des Erfrierens gerettet.

Die Geschichte hat nichts mit „Sexualität" zu tun, aber alles mit „Liebe". Und da seelisch bedingte Sexualstörungen auf das Engste mit dem Thema „Liebe" verflochten sind, kann uns die Geschichte auch dafür Wissenswertes verraten.

Sie bringt zwei Gegenpole zur Darstellung. Beide Forscher befinden sich in absolut vergleichbarer Lage. Sie haben nicht nur denselben Beruf, ziehen durch dasselbe Hochgebirge und sind in der Gestalt des Verunglückten am Felsvorsprung mit derselben Herausforderung konfrontiert. Sie haben im Text nicht einmal unterschiedliche Namen ... Aber sie nehmen in kristallener Konzentration Unterschiedliches wahr: das Ich oder das Du. Auf den Punkt gebracht: die Rettung des Ich oder die Rettung des Du. Hoch droben im Schneesturm der tibetanischen Berge führt kein Weg an einer klaren Entscheidung zugunsten des Selbst oder zugunsten des anderen vorbei.

Unterbrechen wir an dieser Stelle die Auslegung der Geschichte und wechseln wir zur Intimsituation von Mann und Frau. Nackt, wie sie sind, vereinen sie sich in vergleichbarer Lage, konfrontiert mit derselben Herausforderung, ein geistiges Band möge sich im zärtlich vollzogenen Geschlechtsakt inkarnieren. Und auch sie nehmen in kristallener Konzentration eines von zweien wahr: das Ich oder das Du. Auf den Punkt gebracht: die Lust des Ich oder die Lust des Du. Tief drinnen in der Wärme des gemeinsamen Lagers führt kein Weg an einer klaren Entscheidung zugunsten des Selbst oder zugunsten des Partners vorbei.

Wie geht unsere Geschichte nun aus? Wie sie seit Jahrtausenden ausgeht zwischen dem Menschen und seinem Nächsten: Wer zugunsten eines anderen auf sich selbst verzichtet, rettet sich selbst, findet sich selbst, gewinnt sich selbst – in allen Variationen des Lebens. Wer sich hingegen selbst retten, selbst finden, selbst gewinnen will, verliert sich selbst. Kein sinnloses Märtyrertum ist damit beschrieben, sondern das „Hohelied der Liebe", die „Bergpredigt", die spezifisch humane Fähigkeit zur Selbsttranszendenz im Frankl'schen Sinne.

Das gilt auch für die menschliche Sexualität, die immer schon mehr ist als bloße Sexualität und die, wenn sie es *nicht* ist, wenn an der Personenwürde des Partners vorbeiagiert wird, wie es der eine Forscher mit dem Verletzten getan hat, im Schnee der Frigidität und nicht selten der psychogenen Impotenz erfriert. Angst vor der Blamage, Kampf um die eigene Lust, Erzwingenwollen der eigenen Befriedigung lassen sie sterben. Denn: „Das Ich wird Ich erst am Du" (Frankl).

Fazit der Geschichte:

Nur die selbstüberschreitende Hingabe an den Partner ermöglicht eine Sexualität, die menschliches Dasein erhellt, weil sie frei ist von sexualneurotischer Egozentrik.

Iatrogene Neurose

Geschichte 4:

Das Auge hatte einen herrlichen hohen Berg erblickt. An seinem Fuß wuchsen Tannenwälder, in der Mitte sah es grüne Weiden und Matten, danach kamen majestätische Felsen und zu guter Letzt der ewige Schnee wie eine luftige Schlagrahmhaube. Das Auge wollte sogleich das Ohr darauf aufmerksam machen. „Ich kann nichts hören", sagte das Ohr. Das Auge fragte weiter: „Aber du, Nase, kannst doch den Berg nicht leugnen?" Die Nase meinte: „Ich rieche nichts, rein gar nichts." Da wendete sich das Auge an den Mund, aber auch der behauptete: „Ich schmecke nichts, gar nichts."

Also blieben dem Auge nur noch die Hand und die Fingerspitzen. „Fühlst du ihn, den Großen, Herrlichen?" – „Nein, ich fühle nichts", antwortete die Hand.

Ohr, Nase, Mund und Hand tuschelten miteinander, natürlich hinter dem Rücken des Auges. „Mit dem Auge kann etwas nicht stimmen", einigten sie sich, „es muss in Therapie."

Diese auf Khalil Gibran zurückgehende Geschichte ist eine meisterhafte Persiflage auf ein trauriges Kapitel in der Psychotherapie: auf die iatrogene, das heißt durch einen Arzt oder Berater hervorgerufene Schädigung. Dabei handelt es sich nicht um jene kriminellen Delikte, bei denen das Vertrauen seelisch labiler Patientinnen von männlichen Therapeuten ausgenutzt und missbraucht wird. Vielmehr geht es um negativistische Weltdeutungen und Menschenbilder, die den Patienten existentiell verunsichern und sein Wertesystem demontieren. In der Folge kommt es zur Pathologisierung normaler Phänomene durch Fehlinterpretationen, die dem Aufflammen neurotischer Überreaktionen reichlich Nahrung geben.

In der Geschichte wird das Auge durch eine prachtvolle Landschaft beeindruckt. Seine Faszination ist positiv, seine Erquickung an der malerischen Szenerie ein normales Phänomen. Allein, seine Schwesterorgane können das Erlebnis des Auges nicht nachvollziehen, weil sie „anderen Sinnes“ sind. Jeder hat eben seinen unaustauschbaren Zugang zur Welt.

Statt nun zu respektieren, was dem Auge lieb und teuer ist, auch wenn es sich dem eigenen Horizont nicht erschließt, beurteilen die Schwesterorgane das ihnen Fremde als „krankhaft“. Damit *ver*urteilen sie es gleichzeitig, indem sie es zum Beispiel der Halluzination verdächtigen. Mehr noch: Sie deklarieren das Auge als therapiebedürftig. Wie leicht könnte es daraufhin geschehen, dass das Auge verschämt den Blick senkt und ihm die prachtvolle Landschaft entgleitet! Wie leicht könnte es auch geschehen, dass dem Auge wohlmeinend, aber Schaden anrichtend Medizin eingeträufelt wird, bis es tatsächlich erblindet!

Hat nicht schon so mancher Patient in der psychotherapeutischen Behandlung ebenfalls verschämt den Blick gesenkt, als man ihm die annehmbare Kindheit, die er verlebt zu haben glaubte, als reine Fiktion ausredete oder als man seine Gottesbeziehung als bloße Projektion einer Sehnsucht nach dem Vater „entlarvte“, den er nie gehabt hat? Ist nicht mancher an einer Psychoanalyse geistig erblindet?

Es gilt, vorsichtig und zurückhaltend zu sein bei aller Beurteilung und Kommentierung der Äußerungen unserer Mitmenschen oder gar Patienten. Entwertet ist schnell, aber tragende Werte aufzubauen, dazu bedarf es einer langen Zeit.

Fazit der Geschichte:

Die Achtung dessen, was für einen anderen wertvoll ist, auch wenn man selbst wenig Verständnis dafür hat, erhellt menschliches Dasein, weil es iatrogene Neurosen verhindert.

Noogene Neurose

Geschichte 5:

Ein Fohlen lebte mit seiner Mutter auf einer saftigen Weide nahe dem großen Fluss. Das Junge trank bei der Stute, sooft es Lust hatte, ließ sich den frischen Sommerwind um die Nase wehen und war zufrieden. Allmählich wurde sein Hals länger, sein Appetit wuchs, und es lernte, das zarte Gras zu seinen Füßen zu rupfen und die besten Kräuter von den weniger guten zu unterscheiden. Der Tisch war sozusagen jeden Morgen reichlich gedeckt. Aber unser Fohlen war keines von den gewöhnlichen Pferdekindern. Es war mit einer besonders feinen Zunge auf die Welt gekommen und fand plötzlich, dass das saftige Grün nicht saftig, sondern dürr, die Kräuter nicht aromatisch, sondern fade und das Wasser nicht klar und frisch, sondern labbrig und ekelhaft schmecke. „Gibt es nicht irgendwo etwas Besseres zu fressen?", fragte es die Mutter. „Doch, es gibt", antwortete diese, „aber du musst sehr weit laufen. Ich werde dich heute Abend auf eine bessere Weide führen."

Stute und Fohlen liefen und liefen – stundenlang – durch die Nacht. Ein Gewitter kam, der Regen prasselte, Schlamm bedeckte die Wege und Pfade. Unser Fohlen brach vor Müdigkeit und Hunger fast zusammen. Endlich erreichten sie die versprochene saftige Wiese. Der Morgen graute schon. Noch nie war dem kleinen Pferd Gras so zart, so saftig und so aromatisch erschienen. Es labte sich an den Blättchen und Gräsern und an dem köstlichen Wasser. Als die Sonne aufging, sah es jedoch, dass es wieder auf seiner alten Weide stand.

Wen würde die Geschichte nicht an die verwöhnten Wohlstandskinder erinnern, deren Tisch sozusagen jeden Morgen reichlich gedeckt ist? Auch sie finden vieles fad und dürr, labbrig und ekelhaft. „Gibt es nicht irgendwo etwas Besseres ...?", fragen sie permanent und werfen das Althergebrachte über Bord. Schule und Ausbildung? Langweilig! Theater und Konzerte? Uninteressant! Tugenden und Pflichten? Lächerlich! Treue und Enthaltsamkeit? Absurd! Sie wollen „aussteigen", suchen das „New Age" und verfangen sich im Traum von der Selbsterlösung – fachmännisch gesprochen: in einer noogenen Neurose, die gekennzeichnet ist durch das „Leiden am sinnlosen Leben" (Buchtitel von Viktor E. Frankl) und durch die Flucht aus diesem Leiden in alles, was einen künstlichen Glücksrausch bewirkt, inklusive Drogen, Perversionen und Nervenkitzel.

„Doch, es gibt", antwortet Mutter Natur, „aber ihr müsst sehr weit laufen ..." Ja, der Weg aus der noogenen Neurose ist weit. Er führt durch die Nacht schmerzlicher Erfahrungen, durch die Gewitter bitterer Läuterungen und durch den Schlamm mühseliger Plage. Sind sie schon fast so weit, die Wohlstandskinder? Haben Rezession, Müllberge, Umweltverschmutzung und Überschuldung sie gemahnt, Ansprüche hinunter- und Verantwortungsbewusstsein hinaufzuschrauben? Haben weltweite politische und wirtschaftliche Veränderungen sie gelehrt, dass Narzissmus und Hedonismus eher ein „No age" als ein „New age" einleiten?

In der Geschichte „brach das Fohlen vor Müdigkeit und Hunger fast zusammen". Nein, so weit sind unsere Wohlstandskinder noch nicht, und man möchte ihnen von Herzen wünschen, dass ihnen dieser Teil der Geschichte erspart bliebe. Aber vielleicht ist ohne ihn die „saftige Wiese" nicht zu erreichen, die endgültige Umkehr aus der noogenen Krise, die Wiederentdeckung von Sinn – dem alten, dem neuen, dem zeitlosen Sinn, der darin besteht, die Schöpfung zu bewahren, das Leben zu schätzen, den Besitz zu teilen und sich insgesamt in Ehrfurcht zu verneigen vor dem, der größer ist als jede denkbare Größe.

Die Geschichte gibt Grund zur Hoffnung, dass eines Tages die Sonne aufgehen und sich eine Generation auf unserer ausgebeuteten und krisengeschüttelten Erde wiederfinden wird, die sie für beschützenswert und „köstlich“ hält.

Fazit der Geschichte:

Bequeme Umstände lassen die Anspruchshaltung hochschnellen, wohingegen widrige Umstände das menschliche Dasein mit Sinnerkenntnis erhellen und somit zur Abheilung noogener Neurosen beitragen.

Hysterie

Geschichte 6:

Ein Bauernmädchen war auf dem Weg zu seinem Geliebten. Es kam an einem Mulla vorüber, der betete. In seiner Unwissenheit schritt es einfach an ihm vorbei, ohne ihm seine Ehrerbietung zu erweisen. Der Mulla war darüber sehr zornig, und als das Mädchen zurückkehrte, schalt er es für sein Vergehen. „Mädchen, was hast du für eine Sünde begangen, als du, ohne mich zu beachten, an mir vorübergingst, während ich betete!“ Das Mädchen antwortete: „Was ist das – Beten?“ Er erwiderte: „Ich dachte an Allah, den Herrn des Himmels und der Erde, und hielt Zwiesprache mit ihm.“

Da sagte die Gescholtene: „Es tut mir leid. Ich weiß kaum etwas von Allah und vom Beten. Ich war auf dem Weg zu meinem Geliebten und war ganz von dem Gedanken an ihn erfüllt. Da war kein Platz für etwas anderes. Ich sah also nicht, dass du gebetet hast. Aber wie konntest du mich sehen, wenn du nur an Allah dachtest?“

Auf delikate Art vermittelt diese ägyptische Geschichte das Wesen einer der tragischsten seelischen Krankheiten, nämlich der Hysterie. Tragisch deshalb, weil hysterische Personen sich selbst langfristig in die Einsamkeit katapultieren – wer kann, der meidet diese Menschen. Auch dem Mulla in der Geschichte blüht ein ähnliches Schicksal. Das gescholtene Bauernmädchen wird sich das nächste Mal wahrscheinlich einen anderen Weg zu seinem Geliebten suchen. Was stößt es am Mulla ab?

Nun, er ist *unecht*, sein Beten ist unglaubwürdig. Denn während er betet, beobachtet er scharf seine Mitmenschen, ob sie ihm wohl die entsprechende Ehrerbietung erweisen. Eventuell ist der gesamte Akt seines Betens eine *berechnende* „Show", die exakt diese Wirkung erzielen soll: die Vorübergehenden zur Erweisung ihrer Ehrerbietung zu veranlassen. Wenn dies stimmt, zeugt es von einem *krankhaften Egoismus* des Mullas, der unbedingt im Mittelpunkt der Aufmerksamkeit seiner Mitwelt stehen will und dem jedes Mittel dazu recht ist – selbst das Mittel des Betens. Viele Patienten aus der psychotherapeutischen Praxis benützen zu ähnlichen Zwecken das Mittel des Krankwerdens, simuliert oder realiter, und der Selbstschädigung. Doch das Mittel, mit dem Zuwendung geangelt und Aufmerksamkeit erpresst wird, ist egal; vorrangig ist das stets berechnende (Theater-)Spiel des verbogenen, unechten Charakters, das dem Zwecke gemütskalter, eigensüchtiger Manipulation anderer Menschen dient.

In der Geschichte liefert das Bauernmädchen den gesunden Kontrast dazu. Es ist unwissend und von schlichter Herkunft, aber ganz es selbst. Insofern, als es innerlich vollkommen bei seinem Geliebten ist, ist es ganz bei sich. Das „Bei-den-Objekten-der-Welt-Sein", mit denen es seelisch zutiefst verbunden ist, füllt es so aus, dass kein Platz mehr bleibt für störende Nebengedanken, etwa des Inhalts, was andere von ihm denken mögen, was andere von ihm erwarten könnten, ob andere es genügend bemerken und seine Verdienste hinreichend loben ... Das alles gleitet, unwichtig geworden, von den Schultern des Mädchens ab, nur das Objekt seines „Bei-Seins“ (Frankl) zählt. Das Mädchen ist authentisch und echt.

Wollte der Mulla ihm gleichkommen, müsste er im Gebet bei Allah sein, und nirgends als bei Allah. Würde er es tun, würde ihm wiederholt und unaufgefordert Ehrerbietung erwiesen werden ...

Fazit der Geschichte:

Der Verzicht auf Zuwendung, Aufmerksamkeit und Anerkennung erhellt menschliches Dasein, weil er Authentizität fördert und hysterische Impulse dämpft.

Angstneurose

Geschichte 7:

Ein japanischer Ingenieur war bei Freunden eingeladen. Zur Reistafel mit rohem Fisch gab es warmen Reiswein in kleinen Glasschalen. Der Gast trank und aß mit viel Vergnügen, bis er plötzlich in seinem Glas einen kleinen Wurm bemerkte, der sich hin und her schlängelte. In Japan ist Höflichkeit oberstes Gesetz. Der Gast darf sich nichts anmerken lassen, wenn ihm etwas gegen den Strich geht. Irgendein triftiger Grund fiel unserem Ingenieur ein, um vor Beendigung der Party gehen zu können. Das Glas mit dem Rest des Reisweins ließ er stehen.

Kurz darauf erkrankte er an einer Krankheit der Eingeweide, deren Diagnose keinem Arzt gelang. Er konnte kaum mehr etwas zu sich nehmen, wurde weniger und weniger und schob die Ursache seines Leidens dem Wurm im Reiswein zu, der möglicherweise das Getränk vergiftet hatte.

Der Freund, bei dem er damals eingeladen war, besuchte ihn, und es ergab sich, dass der Kranke schließlich von dem Wurm im Reiswein erzählte.

Am nächsten Tag lud der Freund ihn dringend in sein Haus ein. Trotz seiner Schwäche müsse er unbedingt zu ihm kommen. Er ließ den Kranken an derselben Stelle Platz nehmen, wo er bei der Einladung gesessen hatte. Eine Schale voll Reiswein stand auch schon da. Dann zeigte er dem Patienten ein Ornament an der Decke des Speisezimmers, das im Wein die täuschende Spiegelung eines Wurmes verursacht hatte.

Tags darauf war der Schwerkranke schon fast wieder gesund.

Angstneurosen verdanken sowohl ihre Entstehung als auch ihre Chronifizierung einer sogenannten „self-fulfilling prophecy" (einer sich selbst erfüllenden Prophezeiung). Dabei ist der Richtigkeitsgehalt jener Prophezeiung völlig unerheblich, denn die Erwartung von etwas Schrecklichem oder Peinlichem allein lockt es schon herbei – und prompt erfüllt sich die Prophezeiung. Ihre Erfüllung jedoch bestätigt die Erwartung für den Betroffenen rückwirkend als eine richtige, und mag sie noch so irrtumsbehaftet gewesen sein.

Die Geschichte vom japanischen Ingenieur ist die Geschichte einer solchen „self-fulfilling prophecy" schlechthin. Zufällig spiegelt sich ein Deckenornament in seinem Weinglas und wird von ihm in einer optischen Täuschung als Wurm angesehen. Logischerweise hört er auf, aus dem Glas zu trinken.

Bis hierher ist es die harmlose Geschichte einer vorzeitig beendeten Party und nicht mehr. Das könnte sie im Leben des Ingenieurs auch bleiben, verfiele er nicht der Macht jener selbst gestrickten Prophezeiung, nämlich, dass der Wurm im Reiswein sein Getränk vergiftet habe und er, der Ingenieur, daran erkranken werde. Nun arbeitet – nicht das Wurmgift, sondern – die *Erwartungsangst*[21] in ihm und sorgt dafür, dass die Prophezeiung hält, was sie verspricht: Er wird krank.

Seine Erkrankung ist eine *psychogene*, also keine somatogene (körperlich verursachte) oder psychosomatische (mit körperlichen Anteilen), da ihre Symptome ausschließlich auf einer psychischen

Irritation beruhen. Die Geschichte verdeutlicht diesen Sachverhalt anhand von zwei Informationen: zum einen daran, dass keinem Arzt eine Diagnose gelingt, und zum anderen daran, dass der Schwerkranke nach Aufdeckung seines Irrtums – und dem damit verbundenen Wegfall seiner Erwartungsangst – fast unmittelbar wieder gesundet. Es scheint, dass die Geschichte den Leser ermutigen will, zu überlegen, ob nicht auch er so manchen Wurm in einem der Weingläser seines Lebens vermutet, der in Form einer „self-fulfilling prophecy" bereits Macht über ihn gewonnen hat und nur auszutreiben ist, indem der Betreffende sich der angstbesetzten Situation stellt, Auge in Auge mit dem Wurm, und prüft, was von diesem tatsächlich vorhanden ist.

Fazit der Geschichte:

Der Mut, Tatsachen gegenüberzutreten, statt ihre etwaig schlimmen Folgen bangend zu erwarten, erhellt menschliches Dasein und entschärft angstneurotische Irritationen.

Sucht

Geschichte 8:

Ein Mann kam täglich zur Theke einer kleinen Bar um die Ecke. Er hatte tieftraurige Augen und war wenig gesprächig. Die Bewohner des kleinen spanischen Dorfes nannten ihn den „Schlürfer", nicht nur wegen seiner merkwürdigen Gehweise, sondern auch wegen seines großen Durstes.

Er bestellte sich an der Theke zunächst ein Gläschen Jerez, dann einen roten Landwein und schließlich einen ganzen Krug Sangria. Wenn er diesen bis auf den Grund geleert hatte, pflegte er zu bezahlen und ebenso tieftraurig, wie er gekommen war, wieder zum Perlvorhang hinauszuschlürfen, die Knie tief eingebogen.

Ein Gast, der ihn schon seit Tagen beobachtet hatte, fragte ihn schließlich: „Wie kommt es, dass Ihr nie lustig werdet? Andere, die so viel trinken wie Ihr, werden fröhlich, ausgelassen, tanzen wohl auch ein bisschen, wenn sie zur Tür hinaus das Weite suchen. Ihr aber kommt ebenso herein wie heraus. Warum trinkt Ihr eigentlich?" Die Antwort kam zögernd: „Ich trinke, weil ich traurig bin!" – „Aber dann müsstet Ihr doch fröhlich werden, wenn Ihr getrunken habt?" – „Nein, denn dann bin ich traurig, weil ich trinke!"

Gründe zum übermäßigen Alkoholkonsum gibt es Millionen und keinen. Millionen, weil jeder Tag und jeder Lebensabschnitt Frustrationen und Belastungen mit sich bringen, die zum Anlass für ein Sichbetäuben und Seinen-Kummer-Hinwegschwemmen genommen werden können. Und keinen Grund für einen derartigen Konsum gibt es, weil dadurch nicht eine einzige Frustration aus der Welt geschafft wird und nicht eine einzige Belastung wirklich an Gewicht verliert.

Auch der Mann in der Geschichte hat einen sogenannten Grund für sein exzessives Trinken: eine Trauer. Wir erfahren nicht, worüber er traurig ist, weil es darauf nicht ankommt. Es kommt auf seinen *Umgang mit der Trauer* an. Es kommt darauf an, was er aus seiner Trauer macht bzw. was er die Trauer mit seinem Selbst machen lässt. In der Geschichte erlaubt er der Trauer, ihn zum „Schlürfer" zu machen. Und darüber stellt sich eine zweite Trauer bei ihm ein – eine Trauer, die mit seinem uns unbekannten Kummer, den er in der ersten Trauer betrauert, nichts gemein hat. Denn die erste Trauer hängt gewiss mit seinem Schicksal zusammen, das nicht verlaufen ist, wie er es sich gewünscht hätte. Doch die zweite Trauer ist kein Kind des Schicksals, sie ist ein Kind aus seiner ureigensten Zeugung. Er hat die Potenzierung seiner ersten Trauer durch eine zweite selbst ins Leben gerufen und mit jedem Gläschen Jerez und jedem Krug Sangria schraubt er sie in höhere Potenzen.

So wird am Ende des spiralförmigen Zyklus zwischen erster und zweiter Trauer die zweite bei Weitem überwiegen, die Trauer über ein selbst verschuldetes verfehltes Leben, in dem die erste Trauer anderenfalls die Metamorphose zu einem neuen, erfüllenden Lebensabschnitt hätte sein können.

Kein Wunder, dass dem „Schlürfer" die Knie weich werden und nachzugeben drohen. Nicht sein Ursprungsleid hat sie ihm eingeknickt – die Verfehlungen seines Lebens sind es, in denen er stagnierend einsinkt und sich kaum mehr weiterentwickelt. Der Alkohol schwemmt niemals einen Kummer hinweg, sondern immer nur die Chance, wahrhaftig ein reifer Mensch zu werden.

Fazit der Geschichte:

Das Aushalten von Trauer im kreativen Umgang mit ihr erhellt menschliches Dasein, weil es Leid in Leistung und nicht in Krankheit wie etwa Sucht verwandelt.

Schlafstörungen

Geschichte 9:

Nasreddin hatte einen langen Bart, auf den er sehr stolz war. Mit Würde trug er ihn jeden Tag zur Schau.

Eines Tages fragte ihn ein Freund: „Nasreddin, wie ist das eigentlich beim Schlafen – legst du deinen Bart über *die Decke oder* unter *die Decke?"*

„Dumme Frage", meinte Nasreddin, „ich habe mir das noch nie überlegt. Aber trotzdem, morgen werde ich dir die Frage beantworten."

Am nächsten Morgen kam der Freund zu Nasreddin und wartete gespannt auf die Antwort. „Verschwinde", entgegnete ihm der Bärtige verärgert, „seit 40 Jahren schlafe ich ruhig und unbeschwert wie ein kleines

Kind. Heute aber konnte ich kein Auge zutun, weil ich ständig daran denken musste, ob ich meinen Bart über oder unter der Decke habe!"

Nasreddin aus der Geschichte konnte 40 Jahre lang ruhig und unbeschwert schlafen wie ein kleines Kind. Übersetzen wir die Umschreibung „wie ein kleines Kind" in die biologische Essenz. Ein kleines Kind denkt nicht darüber nach, ob und wie und wie bald es schlafen wird, sondern es überlässt sich ganz unbefangen und unreflektiert seiner Müdigkeit, die es sanft und unbemerkt in den Schlaf hinübergeleitet. Der Organismus steuert und überwacht das Wechselspiel zwischen der Tagesbewusstheit und den mehr oder weniger unbewussten Traumlandschaften der Nacht selbstständig und am besten *ungestört*.

Aber man kann dessen Automatismus auch stören. Stören durch eine Bewusstheit am falschen Platz, die in der Fachsprache *Hyperreflexion*[22] genannt wird. Das heißt, man denkt zu viel über etwas nach, das eher sanft und unbeobachtet eintreten soll, wie zum Beispiel der Schlaf. Die Fabel vom Tausendfüßler, der perfekt laufen konnte, solange er sich nicht dafür interessierte, nach welchem Muster er eigentlich seine Beinchen beim Laufen vor- und zurücksetzt, und der nicht mehr von der Stelle kam, als er begann, die Fortbewegung seiner Beinchen zu studieren, passt hier gut ins Bild. Nasreddin ist genau diesem „Tausendfüßler-Effekt" zum Opfer gefallen, als er begann, die Lage seines Bartes während der Nacht zu „hyperreflektieren".

Insbesondere die Nacht ist eine Zeit des Loslassens und des Sich-Anvertrauens, was ein Brahms-Lied schön zum Ausdruck bringt mit dem Text: „... schlupf unter die Deck': Morgen früh, wenn Gott will, wirst du wieder geweckt ..." Wer dies nicht kann oder will und die Nacht dazu benützt, seine Sorgen „wiederzukäuen", oder wer gar den Einschlafvorgang ungeduldig erzwingen will, am Ende noch garniert mit vielerlei Bedenken, was ihm nach einer durchwachten Nacht am nächsten Tag alles misslingen könnte, der raubt sich selbst den Schlaf Denn der greift ein in eine Domäne seines Organismus, die naturgewollt nicht unter seiner bewussten Befehlsgewalt liegt, sondern in der unbewussten Wiege der Rhythmen alles Lebendigen.

Fazit der Geschichte:

Das Vertrauen zur „Selbststeuerung des Organismus" und das Loslassenkönnen erhellen menschliches Dasein, indem sie eine Unbefangenheit gewähren, die Schlafstörungen gegenläufig ist.

Noogene Depression

Geschichte 10:

Kumara aus Burma, ein Wahrheit suchender junger Mensch, hatte von einem Ort in der Einsamkeit des Dreiländerecks gehört, an dem der Eingang zum Berg der Erkenntnis zu finden sei. Er begab sich auf die Pilgerreise dorthin auf mühsamen Wegen.

Bis er sein Ziel erreichte, waren seine Schuhsohlen durchgelaufen. Barfuß kam er endlich vor ein großes Tor, das von einem grimmigen Wächter gehütet wurde.

„Ist das der Eingang zum Berg der Erkenntnis?", fragte Kumara. „Ja, aber du kannst jetzt nicht hinein, du musst warten", so der Wächter. Also setzte sich der Pilger in der Nähe des Eingangs auf einen Stein und wartete. Er vertrieb sich die Zeit mit Nahrungssuche im Wald und mit Plänen für die Zukunft, wenn ihm erst einmal Erkenntnis zuteilgeworden sei. Doch als der Wächter gar keine Anstalten machte, ihn einzulassen, begab er sich wieder zu ihm und meinte, es sei jetzt wohl Zeit. Der aber verneinte wieder und wies ihn ab. Nochmals verlegte sich Kumara aufs Warten. Und schritt dann wieder zum Tor, entschlossen, jetzt einzutreten, koste es, was es wolle. Doch abermals versperrte der Wächter ihm

den Weg. „Ich warne dich", sagte er, als er sah, dass der Anwärter unter seinen Schultern durchzukommen suchte, „da drinnen sind viele Räume, und vor jedem steht ein Wächter, aber noch viel schärfer und strenger als ich. Meinetwegen probier's – aber ich habe dich gewarnt."

Den Pilger verließ der Mut, er kehrte an seinen Warteplatz zurück und übte sich weiterhin in Geduld. Darüber vergingen Wochen, Monate, Jahre – er wurde alt und grau, ein missmutiger Greis. Schließlich vergaß er in oft wiederkehrenden Anfällen dumpfer Schwermut, weshalb er eigentlich da saß. Sein Augenlicht wurde schwach und die Gelenke starr.

In einem lichten Moment sah er noch einmal in schwachen Umrissen das Tor und den Glanz, der daraus hervorkam. Er rief den Torhüter zu sich. „Was willst du denn jetzt noch?", fragte der Torhüter und musste sich tief hinunterbeugen, um den alten Mann zu verstehen. „Sag mir", fragte dieser, „warum hat sich in all der Zeit bis jetzt kein einziger außer mir blicken lassen, der in den Berg der Erkenntnis gelangen wollte?"

Da ertönte die Stimme des Wächters wie die Posaune des Jüngsten Gerichts in den Ohren des Pilgers Kumara: „Dieser Eingang war nur für dich bestimmt. Kein anderer konnte hier eintreten. Jetzt wird er geschlossen."

Diese Geschichte, die in ihrem Originaltext auf Franz Kafka zurückgeht, zeichnet den Weg des Menschen nach, der den Sinn seines Lebens versäumt. In der Figur des Kumara pilgert er voller Idealismus und hehrer Intentionen zum Berg der Erkenntnis. Doch dort, wo es konkret wird im Hier und Jetzt, dort, wo Hürden auftauchen und Prüfungen bestanden werden wollen, verlässt ihn der Mut. Es ist einfacher, sich die Zeit mit diversen Beschäftigungen zu vertreiben und erbauliche Pläne zu schmieden, wie schön es sein wird, wenn einem die Erkenntnis erst einmal zuteilgeworden ist, als (mit dem Wächter) nach eben dieser Erkenntnis zu ringen.

Schließlich nimmt Kumara erneut Anlauf und der Wächter zeigt sich sogar eine Spur weniger grimmig als zuvor. Er malt ihm zwar die Schwierigkeiten aus, die eine unbeirrte Sinnsuche notwendig mit sich bringt, lädt ihn aber gleichzeitig indirekt dazu ein: „Meinetwegen probier's ..."

Doch Kumara probiert es nicht. So wird er alt, grau, gerät in die Schwermut einer noogenen Depression und büßt mit der Zeit all seine Fähigkeiten und Stärken ein, mit denen er ausgerüstet gewesen wäre, eine sinnvolle Existenz ihrer Vollendung zuzuführen. Die Bilanz kurz vor seinem Tod sieht trist aus: Sein Leben hat aus Warten bestanden. Warten worauf?

In einem lichten Moment vergegenwärtigt sich Kumara noch einmal das Tor und den Glanz, der daraus hervorkam, und ahnt das ungeheure Versäumnis, das nie mehr Nachholbare. Erstaunt blickt er um sich, will sich an seinen Mitmenschen orientieren. Die anderen haben doch auch nicht das Tor durchschritten!? Da verhilft ihm der Wächter wenigstens zu einer letzten Erkenntnis: „Dieser Eingang war nur für dich bestimmt ..." Jeder Mensch ist einmalig und einzigartig, weshalb für jeden ein einmaliger und einzigartiger Weg zum Sinn seines Lebens führt.[23] Wenn er diesen Weg nicht geht, kann kein anderer ihn für ihn gehen, und wenn er seinen Sinn nicht erfüllt, bleibt dieser Sinn der Welt vorenthalten für immer. Sobald das Tor geschlossen wird, zählt nur noch das de facto Gewirkte und Verwirklichte, das hineingeflossen ist in das ewige Sein. Alles andere verfällt dem Nichts.

Fazit der Geschichte:

Sinnerfüllung durch unerschrockenes richtiges Handeln zur rechten Zeit erhellt menschliches Dasein und schützt vor noogenen Depressionen.

Wie Phönix aus der Asche – aus Krisen gestärkt hervorgehen

Ich habe Elemente aus der Philosophie, Psychologie, Psychotherapie und Bibliotherapie zusammengetragen, um ein eindringliches Zeugnis davon abzulegen, dass menschliches Leben unabhängig von allen Bedingungen und Umständen misslingen oder gelingen kann. Die Gnade seines Gelingen-Könnens gewährt sich ausnahmslos jedem. Mein Lehrer Viktor E. Frankl ist im Höllenfeuer von vier Konzentrationslagern zum gelingenden Leben begnadet worden.

Allerdings spricht uns unser grundsätzliches Begnadetsein nicht frei von zu erbringenden Eigenleistungen. Frankl, der seine gesamte Familie in den Lagern verloren hat, gründete nach dem Kriegsende mit seiner zweiten Frau „Elly“ eine neue Familie und blieb ihr treu verbunden bis zu seinem Tod. Niemals kam ein Wort des Hasses über seine Lippen. Niemand konnte einen Aschenrest des Höllenfeuers entdecken, der noch an ihm kleben würde. In seinem weltberühmten Bestseller „... trotzdem Ja zum Leben sagen“ (ursprünglicher Titel „Ein Psychologe erlebt das Konzentrationslager“) hat er skizziert, was uns Menschen befähigt, aus Krisen gestärkt hervorzugehen. Ich möchte ein paar Stellen daraus zitieren,[24] die eins zu eins übertragbar sind auf alles, von dem man glauben möchte, es nicht aushalten zu können. Es gibt geistige Haltungen und Einstellungen, die den Menschen über sich selbst hinausheben und mit denen man ein Vielfaches mehr aushält, als man denkt.

Frankl als Lehrmeister

Zitat Seite 19:

Und ich sage nicht ohne Stolz, dass ich nicht mehr als ein „gewöhnlicher" Häftling – eben nichts als die bloße Nr. 119104 – war.

Frankl war Arzt, Facharzt für Neurologie und Psychiatrie, als er interniert wurde. Er hatte bereits Klinikstationen vorgestanden, Fachvorträge im In- und Ausland gehalten, ein Buch verfasst, eine wissenschaftliche Richtung begründet. Er war ein aufstrebendes Genie. Im Lager wurde er (trotz oder pikanterweise wegen seiner schmächtigen Statur) zu stundenlangen Erdarbeiten an Bahngleisen eingesetzt. Das hätte ihn verleiten können, innerlich aufzuschreien: „Wie komme ich gebildeter Mensch dazu, primitive Schwerstarbeit zu verrichten?" Aber nein – angesichts des Elends seiner Mithäftlinge ringsum war er *stolz* darauf, nicht besser gestellt zu sein als sie. Das adelte ihn.

Wenn Sie aus Krisen gestärkt hervorgehen wollen, bäumen Sie sich nicht gegen deren Unzumutbarkeit auf und pochen Sie nicht auf Privilegien, die Ihnen angeblich zustehen. Damit verschwenden Sie nur Energie, die Sie benötigen, um sich ins Unvermeidliche zu fügen. Fühlen Sie sich stattdessen solidarisch mit Ihren Leidensgefährten. Es ist tröstlich, zu bedenken, dass wir nicht allein sind auf unseren Passionswegen, dass viele uns (ihr Kreuz schleppend) vorausgestolpert sind und viele mit uns gehen, was zum Beispiel Teilnehmer von Selbsthilfegruppen immer wieder bestätigen. Wenn etwas Menschen zusammenschmieden kann, dann ist es die Weißglut gemeinsamen Elends. Und es redet sich leichter mit Leidensgefährten. Sie sind – im Unterschied zu den übrigen Mitmenschen – „Wissende". Sie „wissen", wie besagtes Elend sich anfühlt. Das „wissen" die anderen nicht. Denn ab einer gewissen Intensität von Leid kann dieses nicht mehr vermittelt werden. Die Vorstellungskraft des Durchschnittsbürgers ist begrenzt. Ein Soldat etwa, der an der Front gedient hat, zerfetzte Leichen um sich herum liegen gesehen hat usw., kann einem Nicht-Soldaten nicht wirklich erklären, wie es an der Front war. Ein Krebskranker mit Metastasen im ganzen Leib kann einem Gesunden auch nicht hinreichend darlegen, wie es in seinem Gemüt ausschaut. Aber den Leidensgefährten braucht man nichts zu erklären und nichts darzulegen. Sie „wissen" Bescheid, und insofern stehen sie uns im Elend fast näher als unsere Angehörigen.

Verbinden Sie sich also mit dem „homo patiens", dem leidenden Menschen ringsum, und Sie werden eine Stützung sondergleichen erleben.

Zitat Seite 38:

Aus einer weltanschaulichen Grundeinstellung heraus habe ich unmittelbar vor dem Einschlafen am ersten Abend in Auschwitz sozusagen von einer Hand in die andere mir das Versprechen abgenommen, nicht „in den Draht zu laufen".

Die übliche Methode der Selbsttötung war das Berühren des mit elektrischer Hochspannung geladenen Stacheldrahtes rund um das Lager. Angesichts der realistischen Aussicht, alsbald in der Gaskammer zu verrecken, war es nicht zu verwundern, dass Häftlinge es vorzogen, das Procedere abzukürzen. Doch Frankl hielt nichts von Abkürzungen. Für ihn war nicht die Lebenslänge entscheidend, sondern der Lebensinhalt. Und er hielt es für durchaus möglich, dass er in der (kurzen oder langen) Zeit, die noch vor ihm lag, etwas Gutes und Sinnvolles bewirken konnte: als Arzt, als Kamerad, als Helfer in der Not, wie auch immer. Nur dies zählte für ihn: nicht ein Schmerz, den er sich ersparen mochte, sondern der Schmerz, den er vielleicht noch zu lindern vermochte.

Wenn Sie aus Krisen gestärkt hervorgehen wollen, dann versprechen Sie sich in Ihre eigene Hand, dass Sie nicht vorzeitig aufgeben werden, dass Sie nicht der Resignation anheimfallen werden und in irgendeiner Form kapitulieren. Sie machen eine schwierige Phase durch, nun, sei es. Deswegen hören Sie nicht auf, als Vorbild zu wirken und Strahlkraft zu besitzen. Man wird sich an Ihnen orientieren. Sollten Sie Kinder haben, werden diese regen Geistes beobachten, wie Mutter und/oder Vater ihr Schicksal tragen. Sollten Sie alleinstehend sein, werden Freunde, Kollegen, Nachbarn aufmerksam verfolgen, wie Sie auf die aktuellen Schwierigkeiten reagieren. Selbstmörder produzieren nicht selten Nachahmungstäter, was sich spätestens seit Goethes „Werther" herumgesprochen hat. Aber auch Helden haben ihre Gefolgschaft. Wobei der Ausdruck „Helden" hier keine Muskelprotze und Raufbolde meint wie in zweitklassigen Filmen, sondern bedauernswerte Geschöpfe, denen böse mitgespielt worden ist und die sich dennoch nicht geschlagen geben. Eine Großmutter, deren einziger Enkelsohn nach einem Badeunfall im Dauerkoma lag, sagte einst zu mir: „Ich besuche ihn jeden Tag, spreche mit ihm, massiere ihm den Rücken, fahre ihn manchmal auf den Balkon. Ich hoffe, noch lange genug zu leben, um diese Aufgabe ‚bis zu Ende' erfüllen zu können. Meine Tochter ist zu traurig dazu, aber ich besuche das Bübchen gern." Eine Heldin, diese Großmutter! Und Sie?

Zitat Seite 57:

... wenn es jetzt galt, den Kampf mit den nassen Schuhen aufzunehmen, in die die wunden und vom Hungerödem geschwellten Füße kaum hineinzubringen waren ... in diesen grässlichen Minuten gab es für mich einen schwachen Trost: ein vom Abend aufgespartes Stückchen Brot aus der Tasche ziehen und es verzehren.

Aus allen Schrecknissen der Welt befreit uns der Schlaf. Aber leider nur temporär. Mit dem Aufwachen kehren die Schrecknisse oft mit doppeltem Gewicht zurück. Frankl schilderte die obige Erfahrung im Kontext der morgendlichen Aufstehtorturen im Lager. Die für die Witterungsverhältnisse völlig unzureichend ausgerüsteten Männer kämpften bei knurrendem Magen insbesondere mit der Kälte, die sie beim Verlassen der Baracken empfing. Er schrieb, dass er „tapfere Männer wie Kinder weinen hörte", wenn sie, kaputte Schuhe in der Hand tragend, barfüßig auf den verschneiten Appellplatz hinauslaufen mussten. In dieser tristen Situation behalf sich der Psychologe Frankl mit einem winzigen „Lichtblick", dem Hauch einer Morgenröte: einem Bissen Brot. Freilich hat ihm niemand einen Extrabissen zugesteckt. Er musste ihn sich selbst zuvor vom Munde absparen. Und das bedeutete eine beachtliche Leistung an Selbstdisziplin an jedem Abend, an dem er sein karges Mahl zusätzlich rationierte. Doch Frankl wusste: Ein winziger Lichtblick kann Kraft spenden für einen ganzen Tag.

Wenn Sie aus Krisen gestärkt hervorgehen wollen, seien Sie gut zu sich selbst. Ihr Organismus macht vieles mit und dient Ihnen treu, solange er kann. Vernachlässigen Sie ihn daher nicht, auch dann nicht, wenn Ihnen alles gleichgültig ist, weil ein irrer Schmerz in Ihnen wühlt. Stopfen Sie ihn nicht mit Giften voll, gönnen Sie ihm Ruhe und gewähren Sie ihm winzige Lichtblicke. Kann jemand minutenlang das Abhören seiner Lieblingsmusik genießen, wenn seine Firma gerade in Konkurs geht und seine Schulden explodieren? Er kann! Kann jemand einen hübschen Blumenstrauß binden und in die Vase stellen, wenn der Ehepartner ihn betrügt und belügt? Er kann! Freilich, eiserne Disziplin ist angesagt, aber sie lohnt sich. Mit dem kleinsten Lichtblick kommen Sie wieder über den nächsten Tag.

Zitat Seite 61:

Schließlich begann ich, auf winzige Zettel stenographische Stichworte hinkritzelnd, mit der Rekonstruktion jenes Manuskripts, das ich in der Auschwitzer Desinfektionsbaracke hinwerfen musste.

Frankl war am Fleckfieber erkrankt und kannte als Arzt sehr genau die große Gefahr, während eines Deliriums im Schlaf zu sterben. Deshalb versuchte er, sich nachts wach zu halten. Aber seine Absicht ging darüber hinaus. Er setzte sich selbst ein Zeichen der „Hoffnung wider alle Vernunft“. Abgemagert und in desolatem Zustand, wie er war, schien der Gedanke, er könne sein verlorenes Buch neu schreiben und gar einmal bei einem Verlag herausbringen, völlig absurd. Er schien bar jeder Zukunft zu sein. Doch das focht ihn nicht an. Er eliminierte alle Spuren von Todesangst, Selbstmitleid oder Trübsal aus seiner Seele, konzentrierte die Reste seiner Lebensfunken auf das unglaubliche Projekt, und – es glückte. Es glückte ihm, das Fleckfieber zu besiegen. Damals. Jahre später glückte es ihm, das rekonstruierte Buch bei Deuticke in Wien zu veröffentlichen. Und es glückte, dass dieses Erstlingswerk heute, gut 15 Jahre nach seinem Tod im Jahr 1997, immer noch in den Buchhandlungen erhältlich ist.

Wenn Sie aus Krisen gestärkt hervorgehen wollen, lernen Sie, Ihre Konzentration zu lenken, wohin sie schweifen soll. Die erwähnte Mutter des komatösen Jungen hat sich auf ihre Trauer konzentriert, die Großmutter hingegen auf ihre wohltuenden Kontakte mit dem Enkelsohn. Frankl hat sich statt auf seine Fieberschübe auf seine „Ärztliche Seelsorge“ (späterer Buchtitel) konzentriert. Lassen Sie sich weder von Ihren Emotionen noch von Ihrer Vernunft diktieren, wohin Sie Ihre Konzentration zu schicken haben. Ist diese schwach ausgeprägt, versuchen Sie sie zu bündeln und, dem Strahl einer Taschenlampe gleich, auf einen bestimmten Punkt zu richten. Auf welchen Punkt? Auf den Punkt, an dem Ihr Bestes aus Ihnen herausquillt. Seien Sie versichert, es wird ein Segen darauf liegen!

Zitat Seite 65:

Ich erfasse jetzt den Sinn des Letzten und Äußersten, was menschliches Dichten und Denken und – Glauben auszusagen hat: die Erlösung durch die Liebe und in der Liebe!

Wie gelangt ein Mensch im Konzentrationslager zu einer solchen „Erfassung“? Frankl war im Lager Bergen-Belsen von seiner jungen Frau getrennt worden und hörte danach nichts mehr von ihr. (Tatsächlich kam sie dort um, aber das erfuhr er erst bei seiner Rückkehr nach Wien.) An der obigen Buchstelle schilderte er, wie er in einem eisigen Schneegestöber, durch das die Häftlinge mit Peitschen getrieben wurden, liebend ihrer gedachte und innere Zwiesprache mit ihr hielt. Dabei ging ihm plötzlich auf, dass sie längst ermordet oder zugrunde gegangen sein könnte, und er entdeckte, dass dies seinem liebevollen Zwiegespräch mit ihr keinerlei Abbruch tat. Im Gegenteil, ihr physisches Dasein wurde angesichts des Liebesbandes zwischen ihm und ihr „irgendwie gegenstandslos“. Nichts konnte seiner liebenden Schau ihrer geistigen Gestalt etwas anhaben, nichts konnte sie ihm rauben. Die Liebe ist es, die den Menschen von seiner Sterblichkeit erlöst ...

Wenn Sie aus Krisen gestärkt hervorgehen wollen, lassen Sie sich von und in der Liebe erlösen. Es kann nicht sein, dass es gar kein Liebesband gibt, das Sie umschlingt. Dabei ist nicht wichtig, ob es Lebende oder Tote sind, mit denen Sie sich verbunden fühlen; Sie können auf jeden Fall in einen innigen Dialog mit ihnen treten. Sie können sie vor Ihr inneres Auge holen, als hätten Sie ein starkes Teleobjektiv, welches entfernte Figuren nahe heranzieht. Ihre Lieben werden Ihnen antworten, raten, beistehen, und das auch, ohne anwesend zu sein. Sie haben einen geliebten Menschen verloren? Versuchen Sie das Ungeheuerliche zu erfassen, dass er jenseits aller Materialität „da“ ist, auch für Sie immer noch „da“ ist, in Ewigkeit „da“ ist, und dass der Tod keinen Zugriff auf Ihre gemeinsame Liebe hat. Freuen Sie sich darüber! Sie weinen? Freuen Sie sich!

Zitat Seite 104:

Ich habe es selber oft erleben müssen, wie sehr einem „die Hand zuckt" und „auszurutschen" droht, wenn den Hungernden und Übernächtigten der Jähzorn packt.

Die Lagerinsassen wurden ständig geprügelt, verhöhnt und gequält, teilweise von den „Capos", also den eigenen Kameraden, die Aufseherpflichten ergattert hatten, welche ihnen – wenn sie nur brutal genug waren – gewisse Vorrechte einräumten. Allerdings hat Frankl an einer anderen Stelle des Buches nicht versäumt, darauf hinzuweisen, dass es auf der „Gegenseite", also unter den SS-Leuten, Einzelne gab, die mit den Gefangenen Mitleid hatten und sie mitunter heimlich schonten. Überall, betonte Frankl, gibt es solche und solche Menschen, anständige und unanständige, in jeder Schicht, jeder Rasse, jeder Klasse, jedem Volk ...

Nun, Frustrationen machen aggressiv. Das getretene Tier beißt. Der getretene Mensch beißt – oder auch nicht. „Tierisches Sein ist getriebenes Sein, menschliches Sein ist entscheidendes Sein", hat schon Karl Jaspers formuliert. Frankl plädierte dafür, dass selbst unter unmenschlichen Bedingungen das Allermenschlichste, nämlich die menschliche Entscheidungsfähigkeit, intakt bleibt. Es „zuckte" ihm zwar die Hand, aber er schlug nicht zu. Es hätte seine Lage und die seiner Kameraden drastisch verschlechtert. Es hätte zu keinerlei Verbesserung geführt. Die Alternative zum Aggressionsausbruch muss nicht im Unterdrücken von Aggressionen bestehen; es existiert auch die Möglichkeit einer Transformation von Aggressionen. Frankl griff auf diese Möglichkeit zurück: Er verordnete seinen Händen Beherrschung und sich selbst Distanz zum Erlebten. Er sank nicht auf die Stufe seiner Peiniger hinab. Er blieb „rein".

Wenn Sie aus Krisen gestärkt hervorgehen wollen, sollten auch Sie darauf achten, „rein“ zu bleiben. Vergelten Sie Hass mit Hass, Grausamkeit mit Grausamkeit und Beschämung mit Gegenbeschämung, so werden Sie Ihres Lebens nicht mehr froh werden. Denn alle Vorwürfe, die Sie gegen Ihre Widersacher ins Feld führen, werden sich postwendend gegen Sie selbst richten. Deren „Flügelstumpf“ wird mit Ihrem eigenen zusammenstoßen, und miteinander werden Sie zu Boden plumpsen. Vergessen Sie nie: Dass Aggressionen Sie von irgendwoher treffen, ist nicht zu vermeiden, aber ob Aggressionen von Ihnen ausgesandt werden, bestimmt jener Aggressor nicht. Das bestimmen einzig und allein Sie. Bestimmen Sie, was Sie (wem) (an)tun, und lassen Sie sich nicht fremd-bestimmen, auch nicht von Ihren eigenen „Händen“!

Zitat Seite 120:

Da gebrauche ich einen Trick: Plötzlich sehe ich mich in einem hell erleuchteten, warmen, großen Vortragssaal am Rednerpult stehen, vor mir ein interessiert lauschendes Publikum in gemütlichen Polstersitzen, und ich spreche über die Psychologie des Konzentrationslagers.

Es widerte Frankl an, dass seine Gedanken ständig um „existentielle Banalitäten“ kreisten, wie etwa um die Frage, wie er zu einem Stück Draht als Ersatz für die zerrissenen Schuhriemen kommen könne oder ob der Spaten, der ihm zugeteilt worden war, sich als scharfkantig genug erweisen werde, die harte Erde aufzubrechen. Er wollte seine Seele nicht gefesselt sehen von allstündlichen Ängsten und Sorgen, die sich darin breitmachten. Aber wegschieben ließen sich die (in seinem Fall zu Recht) aufsteigenden Ängste und Sorgen auch nicht. Also griff er zu dem Trick, sie zum Objekt einer retrospektiven Betrachtung, ja, wissenschaftlichen Untersuchung zu machen, so, als lägen sie bereits hinter ihm und er beschreibe sie nüchtern unbeteiligten Zuhörern. Damit gewann er eine befreiende Distanz zu seinen Ängsten und Sorgen, ohne sie zu verdrängen.

Selbstüberlistungstaktiken gründen in der Distanzierungsfähigkeit des Menschen. Wie es Frankl satthatte, immer im Saft des eigenen Jammers zu schmoren, so ist es in anderen Varianten lästig, sich ständig vor einem Kollaps zu fürchten, Blutdruckschwankungen zu beobachten, Gashähne und Türschlösser zu kontrollieren oder ähnlichen Zwängen preisgegeben zu sein. Es ist ein Trick vom Feinsten, sich dieser Misere zu entziehen, indem man imaginativ in eine konträre Rolle schlüpft. Jetzt ist man Meister und nicht Sklave, Experte und nicht Untertan. Man philosophiert über die sinnlose Pein berechtigter oder unberechtigter Ängste, klassifiziert erstere, belächelt zweitere und hat innerlich einen sagenhaften Abstand zu beiden. Man „ist" nicht mehr seine eigene Sorgenpalette, sondern man „hat" eine – und kann sie für eine geraume Zeit sozusagen auf den Tisch vor sich hinlegen oder gar zur Seite legen.

Wenn Sie aus Krisen gestärkt hervorgehen wollen, überlisten Sie sich selbst. Skizzieren Sie Ihre Krise aus einer höheren Warte und es werden sich alle Obsessionen verlieren. So wie ein Verhaltensforscher, der ein Tier studiert, „außerhalb" des Tierkäfigs steht, so werden auch Sie in der distanzierten Beobachtung des Krisenvorgangs eine Türe zwischen sich und Ihren Ängsten schließen können.

Zitat Seite 131:

Mich fror und hungerte, und auch ich war schlapp und gereizt. Aber ich musste mich aufraffen und diese einzigartige Möglichkeit nützen, denn Zuspruch war nötiger denn je.

Frankl hat gewusst, warum er nicht „in den Draht laufen wollte": Er wollte überleben. Wozu? Um für etwas gut zu sein. Dieses „Etwas" lag durchaus nicht nur in seiner damals mehr als fraglichen

Zukunft mit Bücherschreiben oder Vorträge-in-erleuchteten-Räumen-Halten. Er fand es auch in der abstrusesten Gegenwart. Da er nun einmal – neben seinen medizinischen Kompetenzen – ein rhetorisches Talent besaß, nützte er es in besonders brisanten Momenten, um seinen elenden Barackengenossen in stockfinsteren Nächten seelenärztlichen Zuspruch zukommen zu lassen.

Das Komplizierte an der Sache war, dass er selbst den Zuspruch, den er austeilte, bitter nötig gehabt hätte. Aber mit dem Austeilen hat es eben so seine Bewandtnis: Je mehr Hilfe, Güte und Barmherzigkeit man anderen zukommen lässt, desto mehr dergleichen kehrt über geheimnisumwobene Kanäle zu einem selbst zurück.

Wenn Sie, krisengebeutelt, Zuspruch und Ermutigung notwendig haben, dann halten Sie Ausschau nach einem, dem es ähnlich ergeht. Es gibt da eine einzigartige Möglichkeit: Die Erfahrung lehrt, dass es leichter ist, andere Menschen aufzurichten und zu ermuntern als sich selbst. Bei anderen bringen Sie zuwege, wozu Sie bei sich selbst zu „schlapp" sind. Die Erfahrung lehrt des Weiteren, dass die in die Welt hinaus verstreuten Gaben sich echoähnlich beim Absender wieder sammeln und ihm davon künden, dass er – für etwas gut ist, dass sein Leben einen Sinn hat. Dies richtet ihn auf und ermuntert ihn auf seltsam rückgekoppelte Weise.

Wenn Sie also Zuspruch und Ermutigung vermissen, dann mausern Sie sich vom darauf wartenden Empfänger zum aktiven Spender. Sie werden um eine angenehme Erfahrung reicher werden ...

Zitat Seite 143:

„Aus der Enge rief ich den Herrn, und er antwortete mir im freien Raum." – Wie lange du dort gekniet hast, wie oft du diesen Satz wiederholt hast – die Erinnerung weiß es nicht mehr zu sagen ...

Was geschieht mit aufs Schwerste traumatisierten Menschen, die, fast bis aufs Skelett abgemagert, nach Jahren unvorstellbarer Erniedrigungen und Entbehrungen eine weiße Fahne am geöffneten Lagertor sehen und in die Freiheit hinauswanken dürfen? Auch das hat Frankl berichtet: Sie haben verlernt, sich zu freuen. Das Grauen hat sich in ihre Züge und in ihre Herzen eingemeißelt. Sie schleppen sich dumpf auf Beinen, die sie kaum tragen, eine fremde Straße entlang fremden Orten zu und nichts rührt sich in ihren erstarrten Gemütern. Im Frühjahr 1945 war Frankl einer von ihnen.

Dann aber scherte er aus, betrat ein weites Feld mit blühenden Fluren, hörte eine Lerche über sich singen und fiel auf die Knie. Dort verharrte er und ließ sich heilen. Wodurch? Durch die Dankbarkeit, über deren gigantische Heilkraft wir bereits Bescheid wissen. Er betete. Er betete. Er betete so inbrünstig und so lange, dass er nichts mehr von sich wusste, von seinem ausgemergelten Körper, seiner erstarrten Seele – nichts konnte seine Versunkenheit stören. Im Text wechselte er sogar von der bis dahin verwendeten Ich-Form zur Du-Form (du hast gekniet), so als ob er sich von außen betrachten würde, wie er da kniet und betet und dankt. Er war mitten im Heilungsprozess „außer sich“ und er fiel in sein „Häftlings-Ich“ auch nie mehr zurück. Im Bericht heißt es, zu jener Stunde begann sein neues Leben und er wurde wieder „ganz Mensch“.

Das wünsche ich Ihnen, wenn Sie eine schreckliche Krise durchlitten haben. Suchen Sie Ihr „Feld“, Ihre „Fluren“, Ihre „Lerche“. Formen Sie Ihren „Satz“ und halten Sie ihn fest, bis Sie aus allen Schrecknissen heraus sind und wieder „ganz Mensch“ werden.

Sie sollen und werden nicht vergessen, was gewesen ist. Aber das Gewesene wird im Lichtkegel der Dankbarkeit *Sie* vergessen; wird vergessen, Sie posttraumatisch anzufallen und Sie immer wieder in die „Enge“ zurückzutreiben, der Sie entronnen sind. Ein neues Leben kann man – wie jedes Neugeborene – nur mit „Hilfe von oben“ beginnen.

Zitat Seite 148:

Gekrönt wird aber all dieses Erleben des heimfindenden Menschen von dem köstlichen Gefühl, nach all dem Erlittenen nichts mehr auf der Welt fürchten zu müssen – außer seinen Gott.

Mit diesen ergreifenden Worten schließt der authentische Bericht des ehemaligen KZ-Häftlings Nr. 119104.

Sollten Sie selbst eines Tages aus schweren Lebenskrisen gestärkt hervorgehen, werden vielleicht auch Sie feststellen, dass Ihre Ängste vor irdischen Widrigkeiten einer grenzenlosen Ehrfurcht vor dem Herrn gewichen sind.

Wer sich aus der Asche erhebt, fliegt himmelwärts.

Anmerkungen und Quellennachweise

1 Aus: Viktor E. Frankl, Der Mensch vor der Frage nach dem Sinn, © Verlag Hans Huber
2 Aus: Anthony de Mello, Warum der Vogel singt. Weisheitsgeschichten. Übersetzt von Ursula Schottelius, © Verlag Herder, Freiburg i. Br., 2005
3 Aus: Pierre Lefèvre, Kleine Geschichten großer Wahrheiten, Miriam-Verlag, Jestetten, 9. Auflage 2011, Seite 31, © beim Autor
4 Aus: Johannes Kuhn (Hrsg.), Der Engel leuchtende Spuren, Quell-Verlag, Stuttgart, 2. Aufl. 1994, S. 85
5 In: Liliane Giudice, Oft ist es nur ein kleines Zeichen, Verlag Eugen Salzer, Heilbronn, 1981
6 Frederick H. Kanfer / Hans Reinecker / Dieter Schmelzer, Selbstmanagement-Therapie. Ein Lehrbuch für die klinische Praxis, Springer, Berlin, 1991, insb. S. 442–469
7 Aus: Viktor E. Frankl, Theorie und Therapie der Neurosen. Einführung in Logotherapie und Existenzanalyse, © 9. Auflage 2007 Ernst Reinhardt Verlag, München/Basel, S. 145. www.reinhardt-verlag.de
8 Aus: Viktor E. Frankl, Ärztliche Seelsorge, Deuticke, Wien, 10. Auflage 1982, S. 115
9 © Bijan Amini
10 Aus: Viktor E. Frankl, Der leidende Mensch, © Verlag Hans Huber
11 Ebd.
12 Aus: Viktor E. Frankl, Logotherapie und Existenzanalyse, © 2002 Beltz Verlag, Weinheim/Basel
13 Aus: Albert Görres, Kennt die Psychologie den Menschen?, © Silvia Görres
14 © Joest Martinius
15 Aus: Genetic Psychology Monographs, Bd. 110, S. 91

16 Aus: Viktor E. Frankl, Der Mensch vor der Frage nach dem Sinn, © Verlag Hans Huber
17 In: Wolfram Kurz, Suche nach Sinn, Stephans-Buchhandlung Wolfgang Mittelstädt, Würzburg, 1991, S. 85ff.
18 Aus: Peter Raab (Hrsg.), Heilkraft des Lesens, S. 41, © Viktor-Frankl-Institut
19 Aus: Marietta Till, Lautlos schreien, unbewegt tanzen, Drei Eichen Verlag, Hammelburg, 1992, © Claudia Rothe
20 Vgl. Viktor E. Frankl, Ärztliche Seelsorge (s. Anm. 8), S. 176
21 Vgl. Viktor E. Frankl, Die Psychotherapie in der Praxis, Piper, München, 2. Auflage 1991, S. 104f.
22 Vgl. a. a. O., S. 52
23 Vgl. Viktor E. Frankl, Ärztliche Seelsorge (s. Anm. 8), S. 55ff.
24 Aus: Viktor E. Frankl, ... trotzdem Ja zum Leben sagen, © 2009 Kösel-Verlag, München, in der Verlagsgruppe Random House GmbH

Die Autorin und ihr Werk

Elisabeth Lukas, geboren 1942 in Wien, ist Schülerin von Professor Dr. Dr. Viktor E. Frankl. Als Klinische Psychologin und approbierte Psychotherapeutin spezialisierte sie sich auf die praktische Anwendung der Logotherapie, die sie methodisch weiterentwickelte. Nach 13-jähriger Tätigkeit in Erziehungs-, Familien- und Lebensberatungsstellen (neun Jahre davon in leitender Position) übernahm sie 1986 die fachliche Leitung des von ihr und ihrem Ehemann gegründeten „Süddeutschen Instituts für Logotherapie GmbH" in Fürstenfeldbruck bei München, dem sie 17 Jahre lang vorstand. Nach ihrer Rückkehr in die Heimat arbeitete sie fünf Jahre lang weiterhin als Hochschuldozentin (zuletzt als Lehrbeauftragte der Donau-Universität Krems) und war danach noch drei Jahre lang als Lehrtherapeutin und Supervisorin beim österreichischen Logotherapie-Ausbildungsinstitut ABILE tätig.

Vorträge und Vorlesungen auf Einladung von mehr als 50 Universitäten (darunter länger andauernde Lehraufträge an den Universitäten München, Innsbruck und Wien) sowie Publikationen in 17 Sprachen machten sie international bekannt. Ihr Werk ist mit der Ehrenmedaille der Santa Clara University in Kalifornien für „Outstanding Contributions in Counseling Psychology to the World Community" und mit dem großen Preis des Viktor-Frankl-Fonds der Stadt Wien ausgezeichnet worden.

Von Elisabeth Lukas sind seit den 1980er-Jahren – inklusive der fremdsprachigen Übersetzungen – mehr als 170 Bücher erschienen. In der nachstehenden Liste sind ihre **derzeit im Buchhandel oder online erhältlichen deutschsprachigen Bücher** zusammengestellt (Stand: Sommer 2022):

Alles fügt sich und erfüllt sich. Logotherapie in der späten Lebensphase (Profil, München, erw. Neuauflage 2009, Großdruckausgabe 2017)

Antworten auf Lebensfragen. Einsichten in die Logotherapie. Eine Anthologie, hrsg. von Heidi Schönfeld (Profil, München, 2022)

Arbeit heute. Last oder Freude? Strategien sinnzentrierter Unternehmenskultur. Gemeinsam mit Koautor Paul Ostberg (Profil, München, 2022)

Auch dein Leben hat Sinn. Wege zur seelischen Gesundheit (Butzon & Bercker, Kevelaer, 2021)

Auf den Stufen des Lebens. Bewegende Geschichten der Sinnfindung (topos plus, Kevelaer, 2018)

Aus Krisen gestärkt hervorgehen (topos plus, Kevelaer, 2013)

Binde deinen Karren an einen Stern. Was uns im Leben weiterbringt (Neue Stadt, München, 4. Auflage 2021, auch als E-Book)

Burnout adé! Engagiert und couragiert leben ohne Stress (Profil, München, 2012)

Das Schicksal waltet – der Mensch gestaltet. Philosophie für den Alltag (Plattform, Perchtoldsdorf bei Wien, 4. Auflage 2021, auch als E-Book)

Das Viktor Frankl Museum in Wien. Ein Kulturerbe mit Zukunftswert (Plattform, Perchtoldsdorf bei Wien, 2016)

Dein Leben ist deine Chance. Anregungen zu einer sinnvollen Lebensgestaltung (Neue Stadt, München, erw. Neuausgabe 2018, auch als E-Book)

Den ersten Schritt tun. Konflikte lösen – Frieden schaffen (topos plus, Kevelaer, 2019)

Der Freude auf der Spur. Sieben Schritte, um die Seele fit zu halten (Neue Stadt, München, Neuausgabe 2020, auch als E-Book)

Die Kunst der Wertschätzung. Kinder ins Leben begleiten (Neue Stadt, München, erw. Neuausgabe 2021, auch als E-Book)

Distanz zur Angst. Das Leben mutig bestehen (Butzon & Bercker, Kevelaer, 2022)

Durchquerung einer bewegten Zeit. Acht Jahrzehnte Lebenserfahrung (Neue Stadt, München, 2022)

Einmal rund um die Sonne. Begleitende Gedanken für das ganze Jahr (Neue Stadt, München, 2016, auch als E-Book)

Familienglück. Verstehen, annehmen, lieben (topos plus, Kevelaer, 2. Auflage 2015)

Frankl und Gott. Erkenntnisse und Bekenntnisse eines Psychiaters (Neue Stadt, München, 2. Auflage 2020, auch als E-Book)

Freiheit und Geborgenheit. Süchten entrinnen, Urvertrauen gewinnen (Profil, München, erw. 3. Auflage 2012)

Für dich. Heilende Geschichten der Liebe (Butzon & Bercker, Kevelaer, 2020)

Heute ist der erste Tag vom Rest deines Lebens. Schritte zu einer erfüllten Existenz (Butzon & Bercker, Kevelaer, 2. Auflage 2022)

In der Trauer lebt die Liebe weiter (Butzon & Bercker, Kevelaer, 4. Auflage 2021)

Inspirationen für die Seele. Das geistige Erbe Viktor E. Frankls (Profil, München, erw. 2. Auflage 2015)

Lebensstil und Wohlbefinden. Seelisch gesund bleiben – Anregungen aus der Logotherapie (Profil, München, erw. 3. Auflage 2010)

Lehrbuch der Logotherapie. Menschenbild und Methoden (Profil, München, erw. 4. Auflage 2014)

Logotherapie und Existenzanalyse heute. Eine Standortbestimmung. Gemeinsam mit Koautor Alexander Batthyány (Tyrolia, Innsbruck, 2020, auch als E-Book)

Pandemie und Psyche. Wege zur Stärkung der seelischen Immunität. Gemeinsam mit Koautor Reinhardt Wurzel (Neue Stadt, München, 2. Auflage 2020)

Persönliches und Besinnliches. Kleines logotherapeutisches Lesebuch (Profil, München, 2017)

Psychotherapie in Würde. Logotherapie konkret. Gemeinsam mit Koautorin Heidi Schönfeld (Elisabeth-Lukas-Archiv, Bamberg, 2020, auch als E-Book)

Quellen sinnvollen Lebens. Woraus wir Kraft schöpfen können (Neue Stadt, München, 2014, auch als E-Book)

Rendezvous mit dem Leben. Ermutigungen für die Zukunft (topos plus, Kevelaer, 2. Auflage 2016)

Sehnsucht nach Sinn. Logotherapeutische Antworten auf existentielle Fragen (Profil, München, erw. 4. Auflage 2018)

Sinnzentrierte Psychotherapie. Die Logotherapie von Viktor E. Frankl in Theorie und Praxis. Gemeinsam mit Koautorin Heidi Schönfeld (Profil, München, 2016)

Souveränität und Resilienz. Tragödien in einen Triumph verwandeln (Profil, München, 2020)

Spannendes Leben. In der Spannung zwischen Sein und Sollen – ein Logotherapiebuch (Profil, München, erw. 4. Auflage 2014)

Trotzdem Ja zum Altsein sagen. Die Lebensfreude bewahren. Gemeinsam mit Koautorin Elisabeth Gur (Plattform, Perchtoldsdorf bei Wien, 2021)

Verlust und Gewinn. Logotherapie bei Beziehungskrisen und Abschiedsschmerz (Profil, München, erw. 2. Auflage 2007)

Von der Angst zum Seelenfrieden. Gemeinsam mit Koautor Reinhardt Wurzel (Neue Stadt, München, 2. Auflage 2019, auch als E-Book)

Was das Leben wertvoll macht. Impulse einer spirituellen Psychologie (Butzon & Bercker, Kevelaer, 2. Auflage 2022)

Was du mir bedeutest. Für einen lieben Menschen (Butzon & Bercker, Kevelaer, 2016)

Was wirklich zählt. Worte als Wegbegleiter (Neue Stadt, München, 2020)

Weisheit als Medizin. Logotherapie bei Tinnitus, chronischen und unheilbaren Krankheiten (Profil, München, erw. 4. Auflage 2020)

Wertfülle und Lebensfreude. Logotherapie bei Depressionen und Sinnkrisen (Profil, München, erw. 4. Auflage 2011)

Wie Leben gelingen kann. Sinn und Freude Tag für Tag. Gemeinsam mit Koautor Michael Ragg (Butzon & Bercker, Kevelaer, 3. Auflage 2020)

Wolken vor der Sonne? Was bei Depressionen hilft (Butzon & Bercker, Kevelaer, 2. Auflage 2022)

26 CDs/DVDs mit Vorträgen von Elisabeth Lukas sowie die MP3-CD „Vom Sinn im Leben. Perlen der Logotherapie“ sind beim „Auditorium Netzwerk“, Verlag für audio-visuelle Medien (Hebelstraße 47, D-79379 Müllheim/Baden) erhältlich.

Die CDs „Ermutigungen für die Zukunft“ und „Seelisch gesund bleiben in hektischen Zeiten“ sind über www.elisabeth-lukas-archiv.de erhältlich.

Mehrere CDs/DVDs mit Live-Rundfunksendungen aus der „Reihe Lebenshilfe“ sind bei Glässing-media (Oststraße 12 A, D-87527 Sonthofen) oder beim Hörer-Service von Radio Horeb (Dorf 6, D-87538 Balderschwang) erhältlich.

DVD/CD mit Live-Interview „Viktor E. Frankls Botschaften für heute, Heidemarie Zürner im Sinn-Gespräch mit Elisabeth Lukas“, Kongressdokumentationen Josef Hager, Mondseebergstraße 15, A-5310 Mondsee

Weitere Informationen über die Autorin und ihr Werk auf www.elisabeth-lukas-archiv.de